이러지 마,
나 좋은 사람
아니야

이러지 마, 나 좋은 사람 아니야

파브리스 미달 지음 | 김도연 옮김

Sauvez Votre Peau!

세상의 기대를
단호하게
거절하는
자기애 수업

동양북스

나부터 먼저 생각하는 게 뭐가 어떤가?
우리 사회의 비극은 너무 이기적이지 않기 때문에 일어난다.

_ 본문 중에서

차례

나를 사랑하기 위한 네 가지 준비 단계 ················ 010

1장
위험하다니, 내가 나를 사랑한다는 게

나를 너무나 많이 사랑한 죄? ················ 015

우리는 나르시시즘을 오해하고 있다 ················ 023

나라는 낯선 타인을 사랑할 수 있을까? ················ 031

2장
이러지 마, 나 좋은 사람 아니야

나를 무시하는 사람은 오직 나뿐 ················ 043

나는 나의 가장 큰 적이다 ················ 049

인정 욕구라는 독 ················ 063

자신에게 너무 많은 것을 바라지 마 ················ 076

3장
나를 사랑하라, 가장 사랑하는 사람을 사랑하듯

미루고 또 미루면 내 인생은 어디에? ················· 091

스스로를 괴롭히는 건 범죄다 ················· 104

에고라는 단어의 함정 ················· 115

절대로 남을 위해 희생하지 마! ················· 125

4장
나를 사랑하는 게 어때서?

나를 백 퍼센트 인정하라 ················· 139

인생은 깜짝 놀랄 만한 선물 상자 ················· 150

근거 없는 자신감이 필요한 이유 ················· 164

나를 긍정할수록 나는 아름다워진다 ················· 175

5장

괜찮아,
네가 나를 좋아하지 않아도

'우리' 뒤에 숨지 말고 '나'에 대해 얘기해 ················· 185

나에게 집중하는 힘 ·· 199

부록　　언제 어디서나 자기애를 지키는 20가지 주문 ········ 205

나가는 말　세상에서 가장 사랑하기 어려운 사람 ····················· 207

옮긴이의 말 나르시시즘은 나를 이해하는 기술이다 ················· 225

감사의 말　·· 230

미주　　　·· 232

참고 문헌　·· 233

나를 사랑하기 위한
네 가지 준비 단계

나를 사랑하는 일은 고통, 감정, 어려움의 원인을 깊이 파고들어 구체적으로 변화시키고 앞으로 나아가면서 자신을 부족하다고 느끼는 마음과 화해하는 일입니다. 한 단계씩 나 자신과의 화해를 시작해보세요. 만일 첫 번째 단계에 대답하기 힘들다면, 다음 단계로 넘어가세요. 첫 번째 단계로 돌아올 시간은 늘 있으니까요.

1. 내가 가진 장점 하나를 생각해보세요. 그 장점을 통해 내 안에 사랑스러운 무언가가 있다는 것을 느껴보세요.

> ex) 요리를 잘한다, 손재주가 좋다, 부지런하다

2. 다른 사람이 나에 대해 말해주었던 장점을 생각해보세요. 스스로 생각하기에도 그 장점이 내게 있다고 생각한다면 그 점을 들여다보세요.

> ex) 계획을 잘 세운다, 춤을 잘 춘다, 항상 웃는다

3. 지금까지 살면서 가장 유익했던 일을 생각해보세요. 스스로 장점이라고 인식한 부분과 연결된 일이어야 합니다.

> ex) 가족들과 떠난 해외여행을 성공적으로 이끌었다

4. 비록 지금은 나를 사랑할 수 없다 해도 언젠가 나를 사랑할 거라는 열망과 간절함을 느껴보세요. 이 간절함이 나를 사랑하는 첫걸음이며, 자신에 대한 사랑이 시작됐음을 보여주는 시그널입니다.

준비되었나요? 이제 나를 사랑할 시간입니다.

1장

위험하다니,
내가 나를
사랑한다는 게

나를 너무나 많이
사랑한 죄?

"자신을 사랑하는 법을 배워야 한다.
완전하고 건전한 사랑은 바로 여기에서 나온다."
―프리드리히 니체

학창 시절, 나는 유독 고민이 많던 학생이었다. 특히 밤잠도 못 이룰 정도로 나를 힘들게 한 질문 두 가지가 있었다. 첫 번째 질문은 '뭘 하면서 살아야 하지?'였고, 그 질문은 두 번째 질문인 '나는 누구인가?'라는 좀 더 실존적인 물음으로 이어졌다. 도무지 답을 알 수 없어 선생님에게 지겨울 정도로 물어보기도 했다. 그러던 어느 날 선생님이 화를 벌컥 내며 쏘아붙였다.

"나르시시스트처럼 굴지 마!"

인생에 대해 질문을 좀 했다고 해서 '나르시시스트'라니! 분명 나를 비난하는 말이었다.

몇 년 전, 지하철을 타고 가다가 이때의 기억이 불쑥 떠올랐다. 짜증이 잔뜩 난 어떤 아주머니가 아들에게 화를 내며 "나르시시스트처럼 살지 말라고!" 하며 소리를 질렀을 때였다. 아이는 그 말에 잘못을 저지른 것처럼 고개를 푹 숙였다.

'나르시시스트'가 왜 나쁜 말이지? 의문이 든 순간, 내 안의 무언가가 이 단어와 화해하라고 다급하게 요청하는 것만 같았다. 그래서 내 방식대로 책을 펼쳐 이 단어를 연구하기 시작했다. 이때 펼친 책이 철학을 공부할 때 푹 빠졌던 오비디우스의 『변신 이야기』였다. 이 작품은 오비디우스의 걸작으로 그리스 로마 신화와 그 시대의 세상 이야기를 담아내고 있다.

나는 이 책을 다시 읽으며 새로운 의미를 깨닫고 소름이 돋을 정도로 순수한 기쁨에 사로잡혔다. 이 책은 신화 이야기인 것 같지만 결국은 인간의 열정을 낱낱이 해부하는 이야기를 담고 있었다. 그때 다시 읽은 나르시스 신화는 훗날 나와 내 삶을 휘저은 소용돌이가 되었다. 물론 그때는 상상하지도 못했지만.

너 자신을 알라 vs 자신을 몰라야 산다

✛

나는 나르시스에 대해 다른 사람들과 똑같이 생각하고 있었다. 자기 자신을 너무 사랑하게 되어 신들에게 벌을 받은 거만하고 허영심 강한 자. 겸손하지 못한 죄를 저지른 자. 나는 이러한 이미지를 갖고 '나르시시즘', '나르시시스트' 같은 단어들을 사용했다. 오랜 세월을 거쳐 굳어진 조롱의 어감을 그대로 살린 채 말이다.

나르시스 신화는 정말 나르시스를 처벌의 대상으로 보고 있을까? 신화를 다시 살펴보자.

나르시스는 강의 신과 물의 님프 사이에서 태어난 아들이다. 나르시스가 태어날 때 예언자 테이레시아스는 이런 예언을 한다.

"이 아이는 자신을 몰라야 늙어서도 살 것이다."

몰라야 산다니? 테이레시아스는 "너 자신을 알라"는 소크라테스의 격언을 몰랐던 걸까? 테베의 공식 예언자였던 그가 델포이 신전에 새겨진 그 유명한 격언을 몰랐을 리 없다. 또한 그는 시대의 정통성을 중요하게 생각하는 사람이었으므로 소크라테스의 말을 반박하려고 이런 예언을 하지는 않았을 것이다.

의도가 무엇이었든 예언을 들은 가족들은 나르시스가 자신에 대해 알지 못하도록 어렸을 때부터 모든 조치를 취했다. 신화에 따르면 거울을 보는 것도 금지했다고 한다. 그는 자랄수록 더욱 아름다워졌고, 이 소년과 마주친 자들은 즉시 사랑에 빠지곤 했다. 그러나 나르시스는 자신이 누구인지, 어떤 사람인지 알지 못했다. 마치 자신의 사랑스러움을 전혀 모르는 미운 오리 새끼 같았다.

그런 나르시스가 자기를 사랑한다는 자들의 말을 어떻게 믿을 수 있었겠는가? 스스로에 대한 확신이 없는 상태에서 다른 사람의 말을 믿는 건 불가능했을 것이다. 나르시스는 자신이 사랑스러운 소년이라고 생각하지 못했고, 자신이 매몰차게 거절한 젊은 남녀들의 마음속에 사랑의 불길이 활활 타오르는 것도, 그들이 슬퍼한다는 사실도 알지 못했다. 사랑을 거절당해 실의에 빠진 아메이니아스는 칼로 목숨을 끊었고, 숲과 샘의 님프 에코는 작은 골짜기에 틀어박혀 하염없이 탄식하다가 목소리만 남고 육신은 사라진다.

어느 날, 나르시스는 사냥에서 돌아오는 길에 목을 축이기 위해 샘 쪽으로 몸을 숙였다가 난생처음 물에 비친 자신의 모습을 본다.

'이 청년은 누구지? 한 번도 본 적 없는 사람인데…'

나르시스는 물에 비친 청년을 보고 아름답다고 생각한다. 이는 자신의 아름다움을 전혀 몰랐기 때문에 벌어진 일이다. 나르시스는 며칠 동안 샘에 비친 자신의 얼굴만 들여다보고, 그 모습에 감탄하며 시간을 보낸다. '자기 자신'이라는 낯선 타인을 사랑하게 된 것이다. 결국 나르시스는 샘에 비친 그 모습이 바로 자신임을 알게 된다. 그는 매우 큰 환희를 맛보지만 곧바로 황금 심장 같은 꽃술을 지닌 새하얀 꽃으로 변해버린다. 순수한 기쁨의 결정체이자 겨울이 지나고 가장 먼저 개화하는 이 꽃은 이로써 나르시스(수선화)라는 이름을 얻었다.

나르시스에게 내려진 진짜 형벌

⊹

그리스인들에게 나르시스 신화는 봄이 부활하고 자연과 생명이 다시 피어남을 알리는 기쁨의 찬가였다. 나르시스가 자신을 너무 사랑한 나머지 신들에게 형벌을 받았다는 이야기는 그보다 훨씬 후에 나왔다. 분명 기독교 신학자들의 영향을 받았을 것이다. 이들이 유일하게 인정한 사랑은 신의 사랑이며 자기애는 여기에 속하지 않는다. 이런 교리에 따라 나르시스는 자기애를 혐오하는 상징적인 단어가 되었다.

나르시스 이야기에 담긴 교훈은 명백하다. 자기 자신을 사랑하는 건 위험하다는 것. 따라서 나르시스는 대가를 치러야 마땅했다. 하지만 그 대가가 죽음은 아니었다. 그리스 신화에서 주인공의 죽음은 완전한 소멸을 뜻하거나 지옥 생활의 첫 시작을 의미하지만 나르시스는 꽃으로 부활했다. 나르시스는 해마다 봄의 첫날에 다시 피는 꽃이자 자연이 소생하는 겨울의 끝을 말한다. 즉 생명의 부활을 상징하는 꽃인 것이다. 더구나 이 꽃은 열을 내리고 상처를 치유하는 신통한 효능까지 있었다. 그리스인들도 이 사실을 알았다.

테이레시아스의 예언을 다시 생각해보자. 그 당시 다른 모든 예언자들처럼 테이레시아스도 애매모호하게 돌려서 예언했다. 예언의 진짜 의미는 단번에 드러난 것이 아니라 감춰져 있었다. 그는 나르시스에게 자신을 모르면 늙어서도 살 수 있다고 충고하지만, 그렇다고 자신의 참모습을 깨달으며 사는 것을 금지하지는 않는다.

"이 아이는 자신을 몰라야 늙어서도 살 것이다."

이 예언에서 '자신'은 타인이 만든 특정한 이미지다. 따라서 테이레시아스의 예언은 그 이미지 속에 자신을 가두지 말라고 경고하는 것이었다. 결국 내면에 깃든 '참된 나'를 찾아야 한다는 말이다. 나르시스 신화는 자신을 사랑하는 것을 금지하지 않는다. 오히려 자신을 제대로 만나 자신을 받아들이고 평화롭게 지내라고 촉구한다.

나는 과연 나를 알아볼 수 있을까?

✛

수면에 비친 자신의 모습을 처음 봤을 때 나르시스는 자신을 알아보지 못했다. 수면에 비친 남자는 낯선 타인일 뿐이었다. 어떻게 그럴 수 있냐고? 우리도 마찬가지다. 사람들은 대부분 스스로에 대해 알지 못하며, 자신의 본바탕과 재능, 내면에 가득 찬 보물과 아름다움을 모르고 있다. 사람들은 결코 자기 자신을 보지 않는다. 스스로를 보는 법을 배우지 못했기 때문이다.

많은 사람이 사랑한다고 나르시스에게 고백했지만 정작 그는 자신이 사랑받아 마땅한 사람이라고 생각하지 못했다. 나르시스에게 자기 자신은 모르는 사람에 불과했기 때문이다. 그가 자신을 어떻게 알았겠는가? 우리 또한 우리 자신에게 이방인일 뿐이다.

우리는 고백을 거절한 나르시스가 냉담하며 거만하다고 생각한다. 그러나 나르시스는 자신을 몰랐을 뿐이다. 샘에 비친 모습을 들여다보며 스스로를 조금씩 발견해가기 전까지는 말이다. 나르시스는 자신의 모습을 보고 나서야 자신의 아름다움을 깨닫고 자신이 사랑스러운 존재임을 알게 된다. 자신을 사랑한 후에야 세상 앞에 자신을 열고 사랑을 받아들일 힘을 얻은 것이다.

우리는 나르시시즘을
오해하고 있다

"다른 이의 감수성을 무시하지 마라.
그들의 감수성은 그들 각자의 천재성이다."
—샤를 보들레르

'나르시시스트'가 나쁜 말인가? 정말 이상한 오해다. 나도 사실 오랫동안 그렇게 생각했다. 나르시시스트가 되는 건 별로 좋은 일이 아니라고 말이다. 우리는 흔히 나르시시스트를 나밖에 모르는 사람, 공감 능력이 없고 배려할 줄 모르는 사람이라고 생각한다. 또한 바이러스처럼 우리 사회를 이기적인 사회로 이끄는 원인이라고 여긴다.

색안경을 벗고 이 생각들을 자세히 들여다보자. 분명한 사실 하나가 보인다. 이런 고정관념들은 자기 자신을 늘 낮추어 말하는 태도와 연결되어 있다. 우리는 자기 자신을 실제보다 나쁘게 생각한다. 자신을 들여다보거나 내면의 목소리를 듣지 못하고, 휴식이 필요하다고 외치는 몸과 마음을 살피지 못한다. 우리는 자신에게 너그러워지는 법, 스스로를 사랑하는 법을 배우지 못했다.

어린 시절, 내가 화낼 때 무엇을 원하느냐고 묻는 사람은 아무도 없었다. 돌아오는 건 "조용히 해! 방에 들어가!"라는 꾸지람뿐이었다. 누구나 이런 경험이 있을 것이다. 중학교에서든 고등학교에서든 '너 자신을 들여다보라'는 말은 들어본 적이 없다. 그 대신 '조용히 해!'라는 말만 무수히 듣는다. 그리고 직장에 들어가서는 목표만 바라보고 규칙에 따르며 산다. 스스로를 망가트리면서도 자신의 목소리를 듣거나 스스로를 돌아볼 시간은 전혀 없다.

우리는 심지어 자신을 존중하는 법도 모른다. 자기 자신을 이해하지 않고 자기 비하에 빠지고 만다. 우리는 다른 사람보다 자기 자신에게 더욱 가혹하게 구는 경향이 있다. 자신의 목소리를 듣지 않고 다른 사람이 나에 대해 말해주길 기다린다. 스스로 내면의 평화를 찾지 못하며 다른 이들이 나의 평화를 깨뜨리지 않기만을 바랄 뿐이다. 하지만 정작 그 평화를 깨는 건 우리 자신이다.

스스로를 사랑하지 못하는 저주

✛

나르시스 신화를 생각하면 어릴 때 읽은 안데르센의 장편동화 『눈의 여왕』이 떠오른다. 동화 속에 등장하는 카이는 옆집 소녀 게르다와 온종일 웃고 떠들며 함께 놀면서 인생을 만끽하던 소년이자 모든 사람이 좋아하던 아이였다.

눈의 여왕은 카이와 게르다의 우정을 질투하여 저주에 걸린 거울 파편 두 개를 떨어뜨린다. 파편 하나는 카이의 눈에 박혔고, 다른 하나는 심장에 박혔다. 순식간에 사랑스러운 아이가 완고하고 무심하고 거만하고 심술궂은 아이로 변했다. 게르다와 함께 심었던 장미 나무까지 뽑아버린 카이는 누구에게든 못되게 굴었다.

카이는 똑똑하지만 주변의 사물이 지닌 단순한 아름다움은 볼 수 없는 아이가 되어버렸다. 카이는 더 이상 자신을 사랑할 수도, 누군가를 사랑할 수도 없었다. 게르다마저 낯선 타인이 되었다.

게르다는 사라진 카이를 찾기 위해 긴 여행을 떠난다. 괴물이나 마법사 같은 강력한 방해자들을 물리쳐야 하는 힘든 여정이었지만 결국은 카이를 찾아냈고 눈물로 그를 해방한다. 카이의 심장에 곧바로 스며든 눈물이 그를 옥죄고 있던 거울

조각을 녹게 만든 것이다. 예전의 심장을 되찾은 카이가 눈물을 흘리자 그 눈물 덕에 두 번째 파편이 눈에서 떨어져나간다. 카이는 다시 살아나 사랑하기 시작한다.

자기 자신과 만나기 전까지 우리 모두는 카이이며 나르시스다. 심장에 박힌 거울 파편은 우리를 얼어붙게 하고, 탑 속에 고립시키고, 자기 자신과 다른 사람 모두를 보지 못하게 한다. 우리는 굳어버린 심장을 지니고 살며 현실을 보지 못하고 완고해진다.

나르시스는 스스로를 알지 못했고 사랑할 줄도 몰랐다. 그는 자기 자신을 만나고 나서야 팔딱팔딱 뛰는 고귀하고 행복한 황금 심장을 지닌 꽃으로 변신한다. 사랑으로 다시 태어난 나르시스. 그는 자신을 깨닫고 난 뒤 비로소 스스로에 대해 '예스'라고 말할 수 있게 된 것이다.

오로지 그들처럼 되고 싶었다

✛

어린 시절, 나는 나르시스도 카이도 아닌 미운 오리 새끼였다. 다른 오리와는 전혀 달라 늘 야단맞고 놀림을 받곤 했다. 부모님이 보기에 나는 어딘가 모자란 아이였다. 그래도 자식인지

이러지 마, 나 좋은 사람 아니야

라 끊임없이 부모님은 내 재능을 찾아 헤맸다. 부모님은 매년 내가 상급반으로 올라갈 수 있도록 노력했고, 내 형편없는 성적에 대해서도 혼내지 않았다.

중학교 3학년 때 담임 선생님은 내 성적표에 '노력을 너무 안 함. 심각하게 주의를 줄 필요가 있음'이라고 썼다. 부모님은 그걸 보고 피곤한 표정으로 어깨만 으쓱일 뿐이었다. 내가 노력을 많이 안 했던 건 사실이다. 공부를 하려고 마음먹어도 겁부터 났고 도무지 재미를 붙일 수 없었다. 공부를 시작하면 행복하지 않았고 주눅이 들었다. 자주 듣곤 했던 '너는 정상이 아니야!'라는 말에 세뇌되었는지 무슨 일에도 흥미와 열정이 없었다. 나는 절대 잘할 수 없을 거라 믿었다.

더구나 내게는 선천적인 결함이 있었다. 나중에 안 사실이지만 나는 편측우성_{좌우 신체 중 어느 한쪽으로만 기능이 치우친 상태.-옮긴이}이었다. 그 때문에 오른쪽 왼쪽을 구분하기 힘들었다. 신발 끈도 묶을 줄 몰라서 선생님 도움을 받아야 했다. 다른 아이들과 공놀이도 할 수 없었다. 공을 제대로 잡지 못했고, 어쩌다 잡더라도 엉뚱한 방향으로 던지는 바람에 야유만 받았다. 나 때문에 우리 팀이 패한 적도 많았다.

수영을 배우는 것도 고난 그 자체였다. 인내심이 뛰어난 부모님 친구 분이 한 달 동안 매일 가르친 끝에 팔다리를 제대로 맞춰 움직이는 정도만 간신히 성공했다. 내게는 모든 일이 이런 식이었다.

나는 친구들처럼 되고 싶었다. 그렇게 될 수만 있다면 무엇이든 했을 것이다. 그러나 난 그들과 달랐다. 나는 항상 나 자신이 부끄러웠다. 다른 사람에게는 너무나 쉽고 자연스럽게 할 수 있는 일들이 내게는 수없이 반복해서 훈련해야만 하는 과업이었다.

나는 미운 오리 새끼였다. 친구들을 흉내 낼 수 없고, 달리는 기쁨을 누릴 수 없고, 어떤 일이든 고군분투해야만 하는 내가 괴물처럼 느껴졌다. 오로지 '그들처럼' 되고 싶었다. 나는 잘못 태어났으며 살아 있을 가치가 없다는 생각도 들었다. 한마디로 나는 이상한 애였다. 그때까지만 해도 우리 모두 유일무이한 존재라는 사실을 깨닫지 못했다.

삶을 뒤바꾼 단 하나의 시선

✥

나는 그림 그리기를 좋아했지만 이전까지 그림으로 칭찬을 받아본 적은 한 번도 없었다. 어느 해 여름, 방학 캠프에 참여하느라 집을 비웠을 때였다. 어머니는 그 시간을 이용해 내 방을 정리했다. 어머니에게 정리란 물건을 버리는 거였다. 일 년 동안 그렸던 그림이 모두 쓰레기통으로 들어갔다. 그 사실을 알았지만 아무렇지도 않았다. 나에게는 어쩌면 당연한 일이었다. 나같이 덜떨어진 애가 그린 그림이 무슨 가치가 있겠는가?

이런 생각은 할아버지가 내 방에 들어왔던 날 서서히 바뀌기 시작했다. 어느 날 할아버지는 내 뒤에 서서 내가 그리는 그림을 바라보고 있었다. 할아버지를 보진 않았지만 내 그림을 호기심 어린 눈으로 보고 있다는 걸 느낄 수 있었다. 할아버지는 내게 뭘 그리느냐고 물으며 그림이 마음에 든다고 말했다. 단지 그 말뿐이었다. 그런데 그 순간 내 안에서 엄청난 소용돌이가 일어나기 시작했다. 믿을 수 없을 만큼 커다란 안도감이 나를 감싸 안았다. 나를 자각하게 만든 순간이었다.

나는 내 앞에 끝없이 펼쳐진 길이 있다는 걸 미처 몰랐다. 그랬던 내가 나의 재능을 인정하고 그 길에 첫발을 내딛는 순간이었다. 나는 이전과는 다른 눈으로 내가 그린 수채화를 들여다보았고 근사하다고 생각했다. 이전에는 그런 생각을 해본 적이 한 번도 없었다.

그럼에도 그림은 내게 심심풀이 혹은 보잘것없는 취미활동에 지나지 않았다. 나는 그날 이후에도 다른 길로 나아갈 생각은 하지 못했다. 나는 봄일지도 모르는 곳으로 가지 못하고 항상 겨울에 머물렀다. 물론 가끔 격려해주는 어른들도 있었다. "언젠가 넌 성공할 거야"라든지 "제대로 해보지 그래?" 같은 말을 하면서 말이다. 나는 그들의 말을 곧이곧대로 믿지 않았다. 그런 말을 듣는다고 해서 슬픔이 사라지지도 않았다.

하지만 할아버지의 시선을 느낀 이후, 내 안의 무언가가 조금씩 바뀌었다. 그 시선은 내가 보잘것없다는 단단한 믿음을 미세하게 파고들어 어쩌면 나는 그런 사람이 아닐 수도 있다는 생각이 자라도록 만들었다.

나라는 낯선 타인을
사랑할 수 있을까?

"너 자신이 되라. 다른 사람은 이미 있으니까."
—오스카 와일드

스물한 살 때였다. 전공으로 배우던 철학은 너무 이론적이어서 지루하기만 했고 그다지 흥미를 느낄 수 없었다. 그때 처음으로 명상 세미나에 참여했다. 강의 내용은 의욕이 사라질 정도로 당혹스러웠다. 강사는 모든 사람이 사랑받기에 충분히 아름다우며 선한 무언가를 지니고 있다고 했다.

여태까지 추상적인 관념들만 배웠던 것과 달리 세미나에서는 사실을 분석하라고 했다. 심지어 나란 존재에 관심을 가지라고 했다. 그날 나는 강사가 말한 대로 나에게 어떤 사랑스러운 점이 있는지 생각하며 시간을 보냈다. 하지만 찾지 못했다. 나의 부족함과 약함, 무엇이든 너무 신중히 생각하는 성향만 찾을 수 있었다. 태어날 때부터 모든 일에 서툴렀던 나, 다른 사람과 달랐던 나, 입술에 흉터가 있는 나, 쩨쩨하고 두려움 많고 질투 많은 나. 도대체 사랑할 만한 구석이 어디 있단 말인가?

이해할 수 없었다. 특별히 불행하지도 않았고 고민이 있었던 것도 아니다. 나는 보잘것없고 다른 사람은 뛰어나다고 생각하며 살았다. 그리고 그건 명백한 사실이었기에 그런 인식이 문제가 될 거라고는 상상해본 적도 없었다. 사람들에겐 저마다 나름대로 살아가는 방식이 있다. 그리고 그게 당연하듯 여기며 살아간다. 나 역시 볼품없는 나 자신을 견디는 데 익숙해져 있었다. 그것만으로도 이미 대단한 일이었다.

나는 나 자신과 다른 방식으로 관계 맺는 법을 몰랐다. 그리고 내 안에 사랑스러운 것이 들어 있다는 생각은 전혀 해보지 못했다. 강사가 시킨 대로 스스로에 대해 질문하는 건 바보 같다는 생각이 들었다. 강사의 말은 가치도 없었다. 그러나 며칠 동안 이어진 세미나를 계속 듣다가 결국 강사의 말을 따라 해보기로 결심했다.

내 안에 숨어 울고 있는 나

⟐

명상을 시작한 것은 세미나를 듣기 이삼 년 전부터였다. 나에게서 벗어나고 싶었고, 들끓는 나를 잠잠하게 만들고 싶었다. 그러나 나는 이런 생각들이 폭력적이라는 사실조차 인지하지 못했다. 거추장스러운 나에게서 벗어나고자 야심차게 노력했지만 결코 벗어날 수 없었기에 불안과 두려움은 더욱 커져만 갔다.

나를 바라봄으로써 새롭게 발견할지도 모를 무언가가 나를 불안하게 했다. 세미나에 참여하는 동안 스스로를 들여다보기 위해 몇 번 시도했으나 결국 그런 일 따위는 그만두라는 유혹에 지고 말았다. '그만두자, 나한테 볼 게 뭐가 있다고!'라는 생각이 나를 사로잡았다.

내가 무너진 건 나흘째 저녁이었다. 혼자 마당에 있다가 문득, 내가 싫어하는 지금의 내가 진짜 나일 리 없다는 사실을 깨달았다. 나는 나를 끔찍이 혐오하며 살고 있었다. 한 번도 의문을 품은 적이 없기 때문에 인식조차 못 했던 증오였다. 나는 어떤 기준이나 규칙에도 맞지 않는 사람이었다. 그래서 나를 바꾸고 다른 사람처럼 되기 위해 자학하곤 했다. 그러나 그 것이 나 자신을 괴롭히는 행동이라는 사실을 깨닫지 못했다.

우리는 다른 사람은 쉽게 파악하면서도 자신의 모습은 결코 보지 않는다.

"난 내가 싫어!" 나에 대한 끔찍한 증오에 사로잡혀 그 생각을 큰 소리로 내뱉는 순간, 미칠 듯한 괴로움이 몰려왔다. 해결책은 나에 대한 미움을 거두는 것뿐이다. 그렇다고 해서 내가 나를 사랑하거나 인정한 것은 아니다. 하지만 돌덩이처럼 무겁던 마음이 사라졌다. 무의식 속에 잠재되어 있던 증오를 깨닫고 나서야 나는 비로소 그 감정에 이름을 붙일 수 있었다. 나를 괴롭히고 스스로를 힐난했던 증오의 무게가 언제나 나를 짓누르고 있었던 것이다. 눈의 여왕이 떨어뜨린 얼음장 같은 거울 조각이 눈동자와 심장에 박힌 뒤 똑똑해졌으나 차가워진 카이가 바로 나였다. 나는 결코 나에게 만족하지 못했고 언제나 불신이 가득 차 있었다.

그날 저녁, 호되게 따귀를 맞은 듯 정신이 번쩍 들었다. 확실히 알아차리지는 못했으나 나는 생전 처음으로 나르시시즘을 경험했다. 막연한 느낌이었지만, 비로소 나는 나의 존재를 깨달았다. 내 안에 끔찍하고 흉측하고 불안한 괴물이 있을 거라고 생각했지만 그런 존재는 찾지 못했다. 그곳엔 나뿐이었다. 여기저기 상처 입은 불완전한 상태의 나. 나는 그런 나 자신을 아이나 친구, 혹은 호기심을 불러일으키는 낯선 사람에게 보내는 시선처럼 바라보았다. 벌거벗은 채 떨고 있는 나는 위로받아야 할 존재였다.

처음으로 내 고통을 끌어안은 순간이었다. 나는 이제 '더 잘할 수 있다'고 나를 다그치거나 경멸할 수 없었다. 나는 새로운 길로 들어섰다. 고속도로가 아닌 좁고 험한 길, 수도 없이 비틀거리며 넘어지기 일쑤인 그 길로 말이다. 깨달았다고 해서 곧바로 자기 자신을 사랑할 수는 없다. 나는 여전히 매번 멈춰 서서 발이 딛고 있는 곳을 살핀다.

지금도 가끔씩 나 자신을 비난한다. 내가 저지르는 바보 같은 짓에 신물이 나서 누구든 나를 무시하는 게 당연하다고 여기는 때가 있다. 사악한 기운이 스멀스멀 피어올라 내 기분을 오염시키기 시작하는 순간이다. 그럴 때면 나를 사랑하기로 결심했던 그날 저녁을 떠올리며 불길한 기운들을 멀리 떨쳐 보낸다.

내가 훌륭하다고? 갑자기?

✛

연구자들은 감옥이나 중독 치료 센터에 있는 사람들과 달리 인생에서 성공을 맛본 사람들은 자신에 대해 긍정적인 이미지를 갖고 있다는 사실을 밝혀냈다. 이런 결론에 근거하여 캘리포니아주는 개인이나 사회문제를 해결하기 위해 자존감 확립을 교육의 최우선 순위로 삼도록 했다. 미국식 '자존감 증진 전담반(Task force to promote self-esteem)'이 1986년에 창설되었다. 그들의 임무는 남녀노소에게 '나는 훌륭하다!'라는 말을 반복하게 하는 것이었다.

많은 예산을 들여 진행한 이 캠페인은 결국 실패로 끝나고 말았다. 전담반 요원들이 '나는 훌륭하다!'라고 외치게 했지만, 사람들은 정중하게 미소 지을 뿐 그 말을 전혀 믿지 않았다. 그들의 반응은 늘 똑같았다.

"내가 멋지다고요? 고맙긴 한데 뭐가 멋지다는 거죠?"

얼마 전 동료 한 명도 내게 똑같은 반응을 보였다.

"어머나, 아니에요. 잘못 아신 거예요. 제가 어떤 사람인지 정말로 알게 된다면….”

몇 년 후, 자존감 증진 전담반은 활동 결과를 평가하기 위해 연구를 의뢰했다. 뜻밖에도 결론은 예상과 완전히 달랐다.

> 등록된 자료들을 분석한 결과, 자긍심과 그에 따른 행동 사이에 유의미한 결과는 나오지 않았다. 둘 사이에 연관성이 있다고 볼 수 없다.

이러지 마, 나 좋은 사람 아니야

캠페인 이후에도 비만, 폭력, 학업 실패, 마약 같은 문제는 여전했다. 자신을 증오하는 저주는 풀리지 않았다. 그 이유는 본질을 놓쳤기 때문이다. 개인의 행복과 자기계발에 관한 수많은 실습과 코칭에서는 항상 이 문제를 간과하고 실패한 시나리오만 반복하고 있었다.

이들은 참여 의지가 가득한 사람들에게 한나절이나 한 주 동안 '나를 사랑한다', '나를 존중한다' 같은 말을 되뇌게 한다. 자존감을 높일 만한 방법이 딱히 없기 때문일까? 이들은 가능한 한 가장 쉬운 방법을 제시한다. 이런 프로그램에서 제공하는 방법들은 세 가지나 열 가지로 정리한 핵심 포인트, 혹은 이미 조리되어 먹기만 하면 되는 음식처럼 간편한 방법들이다. 이들은 이 방법만 따르면 각자의 내면에 있는 천재성을 드러낼 수 있다고 얘기한다. 그러나 이 방법의 유일한 효과는 참가자들에게 실패한 기억만 남기고, 어떤 변화도 주지 않으며, '이렇게까지 해봤지만 자존감이 높아지는 것 같지 않아'라는 결론만 내리게 하는 것이다.

자존감 캠페인이 실패한 이유

✛

실제로 이 방법을 아무리 철저히 따라한다 해도 참가자들이 변화를 느낄 수 없는 것은 당연하다. 사랑은 머리로 인식한다고 이루어지는 게 아니기 때문이다. 사랑은 정해진 시간에 정해진 용법에 따라 복용하는 약이 아니며, 기준에 따라 서류를 정리하는 일도 아니다. 운동처럼 매일 혹은 일주일에 세 번씩 오후 두 시부터 세 시까지 시간표에 맞추어 나를 사랑하겠다고 결심할 수도 없다.

사랑은 자기 성찰을 하는 수행이 아니다. 사흘이나 한 달 동안 방 안에 틀어박혀 공덕을 쌓는다 해도, 나 자신이나 다른 사람을 사랑할 수 없다. 사랑은 모험이다. 현실에 닻을 내린 만남의 과실이 바로 사랑이다. 아무리 좋은 목표와 의지가 있다고 해도 사랑하라는 명령을 듣는 것만으로 사랑을 시작할 수 없다.

누군가를 사랑하기 위해서는 그 사람을 발견할 시간을 가져야 한다. 그리고 그를 사랑하는 이유가 코가 예쁘다거나 낱말풀이를 잘한다거나 이런저런 성격이 맘에 들어서와 같은 특정한 이유 때문이 아니라는 사실을 받아들여야 한다.

나 자신을 사랑하는 일도 마찬가지다. 사랑은 지성과 이성을 뛰어넘는다. 나르시시즘은 자기중심적인 태도가 아니다. 자신을 살아 있는 존재, 관심을 받을 만한 존재로 인식하는 태도다.

2장
이러지 마,
나 좋은 사람
아니야

나를 무시하는 사람은
오직 나뿐

> "당신이 동의하지 않는 한 이 세상 누구도
> 당신이 열등하다고 느끼게 할 수 없다."
> —엘리너 루스벨트

나에게 그림을 그리는 일은 시간을 때우기 위한 심심풀이 취미가 아니라 내 삶에 반드시 필요한 일이었다. 나는 어디서든 붓을 잡으면 집에 있는 듯 편안했다. 그러나 완성한 그림들을 바라볼 때는 덤덤하기만 했다. 만족스럽지도 않았고 뿌듯하지도 않았다. 만약 다른 사람의 그림이었다면 어땠을까? 나는 흥미롭게 관찰했을지 모른다.

나는 단지 내가 그렸다는 이유만으로 내 그림을 그토록 엄격하게 바라보았다. 나는 항상 내 그림을 보면서 '이 정도로는

안 돼'나 '남들한테는 절대 보여줄 수 없어'라고 생각했다. '잘
했어'라든가 '내가 자랑스러워'라고 생각해본 적은 한 번도
없었다. 하지만 나라는 존재를 들여다볼 준비를 마치고 나자
어느 순간 낯간지럽게도 내 마음에 다른 생각이 스며들기 시
작했다.

'어쩌면 내 안에도 어떤 가능성이 있는 건 아닐까? 내가 부
족하기만 한 사람이 아니라는 걸 믿어도 되지 않을까?'

나는 정말 할 줄 아는 게 없을까?

⊹

미국의 긍정심리학 대가이자 친구인 탈 벤 샤하르와 이런 이
야기를 나눴다. 그는 내게 이와 비슷한 일화를 들려주었다.

모든 선생님이 골치 아파하던 아이가 있었다. 성적은 형편
없었고 운동에도 전혀 소질이 없었다. 어떤 활동에도 도무지
흥미를 느끼지 못했다. 아이 스스로도 자신은 아무짝에도 쓸
모없는 사람이라고 생각했다. 모두가 그 아이를 구제불능이
라고 여겼다.

"너 정말 할 줄 아는 게 아무것도 없어?"

샤하르가 아이에게 물었을 때 아이는 한참을 생각하다가

이러지 마, 나 좋은 사람 아니야

대답했다.

"손으로 공 돌리기는 할 줄 알아요. 하지만 그냥 재미 삼아 하는 건데요."

그는 그 아이를 반 친구들 앞으로 나오라고 해서 공 돌리기를 시켰다. 친구들은 아이의 놀라운 솜씨에 빠져들었고 "너 정말 끝내준다!"라고 소리쳤다. 아이는 깜짝 놀랐다. 태어나서 처음으로 자신의 재능을 인정받고 칭찬받은 것이다. 비로소 아이는 자기에게도 뛰어난 재능이 있다는 걸 깨달았다.

근본적인 변화가 시작된 건 그때부터였다. 아이는 자신이 가치 없는 사람이라고 생각하며 살아왔고, 그런 생각의 벽 앞에서 막혀 있었다. 그러나 시선을 돌리자 차츰 다른 문이 열리고 다른 가능성이 눈에 띄었다. 몇 달이 지나자 구제불능 미운 오리 새끼는 "그래봤자 안 될 거야"라고 지레 포기하던 예전의 모습에서 벗어났다. 날개를 펴고 백조가 되기 시작했다.

내가 원하는 삶을 무시하지 마라

✛

명상 세미나에 함께 참여했던 한 여성은 직장과 가정생활에 지쳐 있는 상태였다. 게다가 일요일마다 편하게 쉬지 못하고 시댁에 가서 점심을 먹어야 했다. 그동안 왜 그렇게 스트레스가 심했는지 알지 못했는데, 문득 일요일마다 시댁에 가는 일이 원인이란 걸 깨달았다.

세미나가 끝난 후, 그녀는 용기를 내어 시댁과 남편에게 거부 의사를 확실히 밝혔다. 나를 힘들게 하는 일을 거부하고 내가 원하는 삶을 살겠다는 의지를 드러낸 것이다. 그 후 그녀는 그동안 억지로 참았던 일들도 거절할 수 있었다. '아니요'라고 말할 때마다 믿을 수 없을 만큼 큰 해방감을 맛보았다. 심지어 다시 태어난 것 같은 느낌을 받았다고 한다.

이제는 자신이 원하는 삶을 살고 싶다는 욕구를 느낀 그녀는 몇 년 후 살고 있던 동네를 떠났다. 그리고 요리 실력을 살려 새로운 일을 시작했다. 삶을 완전히 바꾼 것이다. 그렇게 차린 식당은 지금도 성업 중이다.

어차피 우리는 모두 '다른' 사람들이다

⟡

이제 막 나를 찾아 떠나기 시작했을 무렵, 나는 내가 바뀔 수 있기를, 이상한 특성들이 사라질 수 있기를 기대했다. 나는 결함이 있는 자로 살아왔기에 다른 사람처럼 되고 싶었다. 다른 피부를 입고 다른 삶을 살고 싶었다.

나는 완전히 다르게 변했고, 나만의 이야기 안으로 들어섰다. 하지만 내가 기대했던 것처럼 나라는 사람 자체가 변한 것은 아니다. 나는 여전히 모든 일이 서툴고 사람들을 잘 사귀지 못하며 몽상가 기질도 여전하다. 인내심도 별로 없고 모임도 좋아하지 않는다. 하지만 그게 뭐 어떤가? 나는 나를 사랑하거나 미워하는 걸 떠나서 내 목소리를 듣게 되었다. 물에 비친 자신의 모습을 만난 나르시스처럼 나를 알아갔다.

나 자신과 끝없이 투쟁하면서 고정된 틀 안에 나를 밀어 넣기도 했고, 어떤 면은 부각시키고 어떤 면은 깎아 없애려고 집요하게 나를 괴롭히기도 했다. 그런데 생각해보니 정작 나는 '다른 사람'처럼 똑같이 달리거나 춤추고 싶어 하지 않았다. 남들과 똑같은 음악을 듣거나 똑같은 리듬으로 살고 싶어 하지도 않았다. 그 사실을 깨닫자 한 방 얻어맞은 것만 같았다. 게다가 '다른 사람'이란 도대체 누구란 말인가?

나는 내가 '다른 사람'들과 같지 않은 이상하고 희한한 존재라고 생각했다. 그러나 사실 우리는 모두 독특한 사람들이며, 백조가 되어야 할 오리 새끼들이다. 다만 그렇게 되기를 원하지 않거나 인식하지 못하고 있을 따름이다.

나를 알아가면서 나 자신에게 놀라는 일이 많아졌다. 혼란스럽기도 했으나 내가 미처 깨닫지 못했던 자질들을 발견하면서 느끼는 기분 좋은 당혹감이었다. 나는 이제껏 합격도 못하면서 줄기차게 도전하던 시험들을 포기했다. 그리고 철학을 학문이 아니라 내 삶에 적용하는 방식으로 접근했다. 그 후 나와 잘 맞는 강의를 꾸준히 듣고 공부하면서 새로운 가능성을 발견했다. 처음에는 불안한 마음도 있었지만 불완전하고 때로는 보잘것없을지라도 다른 사람들처럼 나 역시 정말 괜찮은 사람이라는 것을 깨달았다.

그리고 어느 날, 나는 내가 사랑스러운 존재라는 걸 알게 되었다.

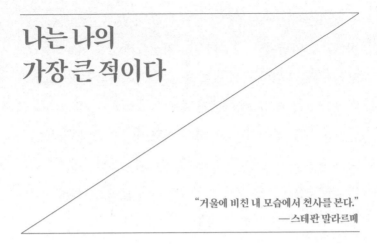

나는 나의
가장 큰 적이다

"거울에 비친 내 모습에서 천사를 본다."
—스테판 말라르메

내 친구에게는 세 명의 자녀가 있다. 내가 보기에는 무척 귀엽고 똑똑하고 활달한 아이들인데 친구는 어림없는 소리라는 듯 눈을 치켜뜬다. 자기가 제대로 교육을 못 해서 아이들이 공부도 안 하고 게으름만 피운다고 푸념도 늘어놓는다. 그러면서 아이들은 끊임없이 압박하고 자극해야 하는 존재이며 나태해질 수 있으니 칭찬을 하면 안 된다고 주장한다.

우리는 이런 생각에 자연스레 노출되어 있다. 우리는 습관처럼 자기 자신 혹은 자식들에게 더욱 가혹한 잣대를 들이댄다.

스스로를 치켜세우는 건 농담이 아닌 이상, 뻔뻔한 사람으로 치부되기 마련이다. 조금이라도 자신의 장점을 떠벌리는 사람은 '잘난 척한다'는 소리를 듣는다. '겸손하라'는 견고한 사회적 규범이 우리를 옭아매기 때문이다.

나는 이를 저주라고 생각한다. 이런 세뇌 때문에 우리는 자신의 재능과 힘, 능력과 천재성을 제대로 인식하지 못한다. 내가 스승으로 여기는 프랑스의 철학자 몽테뉴는 다음과 같이 말하며 일찍이 이러한 의견에 반기를 들었다.

> 자신에 대해 자신이 지닌 것보다 더 적게 말하는 건 겸손이 아니라 어리석은 일이다. 자신의 가치보다 자신을 더 낮게 깎아내리는 건 비겁하고 심약한 행동이다.
>
> 『수상록』 2권, 6장

몽테뉴의 말에서 나는 큰 깨달음을 얻었다. 우리는 자신의 약점은 금방 알아차리지만 장점을 인식하는 일은 힘들어한다. 이 사회는 우리가 때로는 훌륭하지만 그렇지 않을 때도 있으며, 때로는 천재적이지만 무능하고 형편없을 때도 있다는 것을 인정하지 못하게 한다. 우리는 부러진 한쪽 다리로만 걸으면서 앞으로 나아갈 수 없다고 좌절한다.

나는 이 문제를 단번에 해결할 수 있는 방법을 모른다. 그러나 나는 나르시스를 롤 모델로 삼으며 많은 교훈을 얻을 수 있었다. 나는 오랫동안 그 사실을 대놓고 말하지 못했다. 개인주의, 이기주의, 그리고 나르시시즘에 대한 안 좋은 고정관념에 맞설 용기는 여전히 부족하다.

나는 주위 사람들이 자신을 미워하다가 무너지는 모습을 많이 봤다. 그들은 언제나 자신이 최선을 다하지 않았고, 충분히 희생하지 않았으며, 자신의 기대에 미치지 못한다고 자책했다.

그들에게 자기 자신은 가증스럽고 고약한 '적'이었다. 미운 오리 새끼가 자신이 백조라는 사실에 눈뜨게 해주는 것. 나에게는 이것이 나르시시즘이 주는 각성이다. 일단 그 사실에 눈을 뜨고 나면 세상은 고장 날 때까지 끊임없이 움직이도록 설계된 로봇들로 가득 차 있다는 사실을 알게 된다. 사람들은 생기와 열정, 새로움과 욕구로 충만한 존재들이 아니라 기계일 뿐이었다. 나 또한 로봇이었다. 내 안에 깃들어 있던 또 다른 인간을 깨닫고 관찰하기까지 오랜 시간이 걸렸다. 가면극 속 배우처럼 나는 내 역할 속에 숨어 있었다.

언제 어디서 나는 가장 행복한가?

✛

나는 누구인가? 사장 혹은 직원, 기혼 혹은 미혼, 청년 혹은 노인, 부지런하거나 게으른 자, 학력이 높거나 낮은 사람….
나는 좀 더 나은 사람과 나를 동일시하려 했고 결국 흉내만 내다가 지쳐버렸다. 현실에서는 존재하지 않는 이미지, 책과 영화와 잡지에 나온 이상적인 모습이 실제라고 믿으며 닮으려 애쓰던 나. 이런 나를 깨닫고 난 뒤 나는 완벽하게 각성했다.

나는 내 존재의 탐험가가 되었고, 미지의 땅을 발견하고 크게 놀랐다. 그건 어떤 사심이나 의도나 목적 없이, 그동안 닿을 수 없던 내면으로 들어가 자신을 발견하는 대모험이었다. 나는 이 땅을 유랑했다.

언제 어디서 나는 가장 인간다워지는가?

언제 어디서 나는 가장 행복한가?

언제 어디서 나는 진정한 나인가?

인생은 우리에게 말을 걸지만 우리는 대꾸하지 않고 침묵만 지킨 채 자신의 삶을 깎아내린다. 이제 나는 내가 누구인지 깨달았다. 완벽하지 않아도 그 자체로 나이며, 단점도 많지만 장점도 많다. 나는 보잘것없는 외부 세계의 인정을 받기 위해 스스로 만들어낸 이미지보다 훨씬 정교한 존재였다. 하지만 이 모험이 끝난 건 아니다. 날마다 새로운 질문들이 끝없이 생겨나고 인생은 예기치 않은 답을 던지기 때문이다.

우리는 변하고 발전하는 존재다. 그러나 우리는 이러한 변화에 귀를 닫고 무시하며 스스로 쌓아올린 고정된 생각 속에 머무른다. 나를 사랑하고 깨닫는 일은 단번에 이뤄지지 않으므로 계속 끊임없이 노력해야 한다.

행복은 열심히 일한 뒤에 온다고?

⟨⊹⟩

나르시스를 통해 얻은 첫 번째 교훈은 반드시 나를 알아야 한다는 거였다. 두 번째 교훈은 내가 완전한 나로서 행복하게 존재할 권리를 가졌다는 것이다. 우리는 후회나 부끄러움이나 죄책감 없이, 지금 당장 무조건 행복해야 한다.

서구 문화에서는 행복을 케이크 위에 올린 체리에 비유한다. 체리를 케이크 위에 올리려면 먼저 케이크부터 만들어야 한다. 즉, 행복은 스스로를 희생하며 성실하게 일한 뒤 보상처럼 뒤따라오는 것이다.

종교 교리에 따라 모범적인 삶을 살면서 다음 생의 행복을 기다리고, 미래 세대와 공공의 이익, 국가의 행복을 생각하며,

끝없이 희생하거나 자본주의 논리에 따라 언젠가 마음껏 누릴 커다란 집과 근사한 자동차와 명품 의류, 휴가를 기약하며 현재의 행복을 뒤로 미룬다. 다시 말해, 행복은 성공적으로 임무를 마친 후에 '후' 하고 내쉬는 안도의 한숨인 것이다. 그런데 사실 우리는 케이크조차 맛보지 못하는 경우가 많다. 하물며 체리는 어떻겠는가?

우리는 끝없이 만족하지 못하고 살아간다. 그리고 지금 이 순간이 완성되었다고 생각하지 않는다. 아니, 완벽한 상태란 있을 수 없기 때문에 더 잘해야 한다고 늘 생각한다. 그러나 만족이라니? 무엇을 만족한단 말인가?

또한 우리는 스트레스와 불안 없이 즐겁고 여유롭게 일하는 사람을 좋게 평가하지 않는다. 일에 완전히 매진한 사람은 일을 하며 행복할 수 없다고 생각하기 때문이다. 성경에 나오는 '너는 얼굴에 땀이 흘러야 땅에서 양식을 얻을 것이며 필경 흙으로 돌아가리라'(창세기 3장 19절)는 구절도 같은 맥락이다. 우리는 압박감에 시달리며 일에 치여 사는 사람을 능력자라고 부른다. 정말 비이성적이지 않은가?

행복은 케이크 위의 체리가 아니라 만들고 있는 케이크이다. 행복은 성공 후 주어지는 보상이 아니라 성공의 조건이다. 우리는 도전할 때 두려움보다 기쁜 마음이 앞서면 의구심을

이러지 마, 나 좋은 사람 아니야

가진다. 그리고 당연한 사실을 인정하지 않으려 한다. 불안을 떨치고 열정으로 도전했을 때 승리는 더욱 황홀하다는 사실을 말이다.

자녀들이 일류대학 입시를 준비하는 특별반에 들어가 틀에 갇힌 생활을 하면서도 아무런 불평도 하지 않으면 되레 걱정하는 부모들이 있다. 더 힘들어하고 고통스러울수록 합격률이 높아진다고 생각하는 듯하다. 학생들 역시 이러한 생각에 사로잡혔기 때문에 부모에게 그 생각이 얼토당토않다고 감히 얘기하지 못한다. 혹시 그런 말을 꺼내는 학생들이 있다 하더라도 극히 일부다. 하지만 성공의 기회를 잡은 사람들은 대부분 일하고 배우는 데서 기쁨을 누린다.

특별반에 들어간 학생들은 생의 활기로 가득 차 있고, 아무리 어려운 순간이라도 부모나 교사의 욕망이 아닌 자신의 가장 깊은 욕망에 따라 움직인다. 나르시시스트인 이들은 처음부터 자신의 욕구에 따라 이 반을 선택했을 것이다. 물론 밤을 새우고 죽어라 노력하고 최고를 열망하지만 그들에게 최고란 깊이 내재한 자신의 존재와 연결되어 있다.

행복의 조건은 특별하지 않다

✛

나는 점차 삶의 흐름에 나를 맡기는 일을 그만두었다. 내 의지로 살아가고 싶었다. 조각조각 제시되는 보상을 얻는 걸로 만족하지 않고 열정적인 격류 안으로 풍덩 뛰어들기를 원했다. 그러나 차츰 눈을 뜨기 시작한 순간부터 오랫동안 지나쳤던 현실이 보였다.

단골 빵집의 맛있는 빵? 그곳의 제빵사는 다른 제빵사들과 똑같은 기술로 빵을 만든다. 그러나 그의 빵이 최고라고 느껴진다면 행복하게 일하는 마음이 첨가되어 그런 것 아닐까? 훌륭하다는 평을 받는 교사는 정해진 프로그램을 벗어나지 않으며 자신이 희생한다는 마음으로 수업하지 않는다. 의무감 대신 열정을 갖고 즐겁게 가르친다. 어중간한 교사가 되는 걸 그만두고 최고가 된 것이다.

행복한 마음으로 살겠다고 다짐하지만 정말 그래도 되는지 여전히 의심스럽다. 그러나 그건 잘못된 게 아니다. 그래야 성공 가능성을 높일 수 있다. 일이든 인생이든 여가든 어디에서든 말이다. 행복해지는 건 옳고 그름의 문제가 아니라, 어떤 일을 성취하게 만드는 조건이다.

내가 나르시스에게 배운 행복은 지극히 평온한 상태와는

거리가 멀다. 미디어와 광고 등 사회 전체가 소비를 통해 행복해지라고 분위기를 조장하지만, 나르시시즘은 이런 행복과 상관없다. 행복은 명령이 아니라 초대하여 데려와야 한다.

가끔 사무실에서 늦게까지 일을 할 때가 있다. 난 이런 시간에 행복을 느낀다. 어떤 이들이 나를 불쌍하게 쳐다보며 "저런, 가엾게도 힘들게 일하네…" 하더라도 나는 오히려 즐겁다고 당당히 얘기한다. 애쓰고 노력하는 나를 스스로 인정함으로써 행복을 느끼기 때문이다. 이를 통해 나는 성장하고 활짝 꽃을 피우며 날개를 펴고 내가 원하는 성취를 이루어낸다.

행복은 무조건 평온한 상태를 유지하는 것이 아니다. 무엇보다 내게 행복할 권리가 있다는 걸 알고, 삶에 대한 시각을 근본적으로 뒤집어야 한다. 나는 내가 나일 때 행복하다. 두려움 때문에 숨지 않고, 다른 사람 비위를 맞추지 않고, 완전한 나로 있을 때 행복을 느낀다. 이게 바로 나르시시즘의 세 번째 교훈이다. 우리에게는 참된 나를 발견하게 해주는 분별력과 지성이 필요하다.

내가 나인 것을 인정하고 가꾸는 일

✣

나는 명상을 통해 아무것도 판단하지 않고 내면의 소리에 귀를 기울이는 법을 배웠다. 그렇다고 내가 하는 명상만이 자신의 목소리를 듣는 유일한 방법은 아니다.

나는 천천히 앞으로 나아갔고, 내가 누구인지 발견했다. 스스로를 창피해하거나 끔찍한 존재로 여기는 걸 그만두고 평온하게 나 자신과 일치하며 사는 법을 배웠다. 이후로는 내 목소리를 먼저 듣고 나서 인생의 파란을 받아들인다.

우리 사회는 옛날에 비하면 훨씬 자유롭고 관대하다. 따라서 집단과 사회계층, 가족의 속박에서 벗어나 독립적인 존재로 살아가는 게 가능하다. 그러나 각자에게 주어진 자유를 발판으로 내 모습 그대로 살아가는 건 여전히 도전의 영역에 속한다.

예를 들어, 나는 동성애자다. 그러나 나는 누군가에게 쫓기거나 감옥에 가지 않고도 내 파트너와 함께 식당에 갈 수 있다. 사회가 진보했다는 건 부인할 수 없는 사실이지만, 나도 처음에는 내가 동성애자라는 사실을 인정하기 위해 노력해야 했다. 친구들의 조롱과 부모의 편견에도 내 모습 그대로 살아가며 나 자신과 평화를 유지하려고 했다.

내 존재를 스스로에게 허용하고 성적 정체성을 인정할 수 있었던 건 나르시시즘 덕분이었다. 나는 내가 동성애자라는 사실을 숨기거나 내 성향을 버릴 필요가 없다는 사실을 깨달 았다. 내가 바로 그런 사람이라는 것 외에는 아무 의미가 없 었다. 나를 사랑하는 이유는 내가 나이기 때문이다. 부모가 자 식을 사랑하는 이유가 자식이기 때문인 것과 마찬가지다.

동성애는 나의 유일한 특징이 아니다. 다른 이들처럼 내게 도 다양한 자원과 가능성과 싹이 있다. 그 싹들이 자라고 꽃을 활짝 피우도록 나는 싹을 발견하고 인정하고 계속 물을 준다. 싹은 무척 다양하여 때로는 우리 자신을 규정한 사회적 이미 지와 달리 예상치 못한 모습을 띠기도 한다.

금융업체 고위 간부인 내 친구의 취미는 시 쓰기다. 그는 시 쓰기를 기성작가의 영역으로 바라보는 분위기 속에서 그럭저 럭 타협하며 지낸다. 그가 쓴 시는 아주 잘 쓴 시가 아닐 수 있 다. 하지만 시를 쓰면서 활기와 욕구와 행복을 느낀다는 건 부 정할 수 없다. 문학적 감수성을 표현할 수 있는 시가 그의 또 다른 싹인 것이다.

요리하고, 가르치고, 공부하고, 누군가를 돕는 일. 무엇이든 우리는 재능과 가능성을 지니고 있다. 싹들이 성장하도록 물 을 뿌려주기만 하면 된다.

저주를 푸는 열쇠, 자기 확신

✛

어느 날 미국의 정신과 의사인 밀턴 에릭슨은 침대에 누워 있다가 우울증에 걸린 한 여성의 전화를 받았다. 그녀는 마을에서 떨어진 커다란 저택에서 살고 있었는데, 수년 동안 교회에 갈 때 외에는 집 밖으로 나오지 않았다. 집은 거의 폐가나 다름없었다. 그곳에서 유일한 생명은 그녀가 직접 꺾꽂이를 한 제비꽃뿐이었다.

에릭슨이 그녀에게 내린 처방은 뜬금없었다. 그의 처방은 제비꽃 화분 열 개와 빈 화분 열 개를 마련하고, 빈 화분에 꺾꽂이로 제비꽃을 키운 후, 교회에서 결혼, 탄생, 세례, 문병, 완치 같은 특별한 행사가 있을 때마다 사람들에게 화분을 선물하라는 것이었다. 이상하지 않은가? 그런데 이로 인해 그녀의 삶이 완전히 뒤바뀌었다.

사실 그녀는 자신의 인생이 실패했다고 생각하고 있었다. 누구도 자신을 사랑하지 않고 자기에게 말을 거는 것조차 싫어한다고 생각하며 자신을 미워하며 살았다. 실제로도 말을 거는 사람은 아무도 없었다.

에릭슨은 캘리포니아 방식에 따라 자신은 아름답고 똑똑한 사람이라고 몇 시간이든 반복해서 말하게 하며 자존감을 키우라고 부추길 수도 있었다. 그렇지만 그 방법을 썼더라면 여성은 아무 효과도 보지 못한 채 우울함에 사로잡혀 자신을 미워하는 상태 그대로 홀로 남아 있었을 것이다.

제비꽃 꺾꽂이는 그녀가 기쁨을 느끼는 유일한 활동이었다. 그러나 아무짝에도 쓸모없는 시시한 취미라고 생각했다. 정신과 의사는 그녀의 취미에 의미를 부여하면서 진지한 활동으로 만들었다. 나르시시스트로서 닻을 내리는 지점으로 삼은 것이다.

그녀는 꺾꽂이를 하면서 내면에 감춰져 있던 생의 활력을 키워나갔다. 그리고 자신이 갖고 있던 능력과 천재성을 인식했다. 그녀는 점차 자신에 대한 확신을 갖게 되었다. 자신의 개성을 그대로 간직한 채, 다른 이들에게 자신을 활짝 연 것이다. 스스로를 발견했고, 자신을 사랑하고 안도했으며 다른 이를 사랑하는 데 성공했다.

에릭슨은 마법사처럼 그녀에게 걸린 저주를 풀어주었다. 오랜 시간이 지나 세상을 떠날 때, 마을 사람들은 그녀를 높이 평가하며 진심으로 애도했다. 생전에 겪었던 우울함은 과거의 그림자에 지나지 않았다.

나의 롤 모델인 나르시스는 이론이나 슬로건이 아니며, 행동 매뉴얼이나 레시피가 아니다. 사용 설명서도 없다. 우리 안에 깃든 나르시스의 이미지는 우리를 자발적으로 살아가게 하며, 내면의 무언가를 흔들어 치유로 이끈다. 그리고 이 무언가의 정체를 밝히기 위해 더 멀리 나아가고 성장할 수 있도록 돕는다.

나르시스는 '행복하라', '친구를 만들어라', '긴장을 풀어라'는 말처럼 우리를 주춤하게 만드는 막연한 명령을 하지 않는다. 스스로에게 확신을 가지고 변화의 길로 천천히 들어서라고 우리를 초대한다.

인정 욕구라는 독

"우리가 자기애를 지녔다는 이유로 위축된다면,
그건 아직 태어나지 않았기 때문이며, 자신의 참 얼굴을
사랑할 수 있는 투명한 시선을 만나지 못했기 때문이다."
—모리스 준델

그리스 신화에 뿌리를 둔 '나르시시즘'이란 단어는 그 안에 담긴 진짜 의미와 달리 다양한 상황에 사용되곤 한다. 정신의학자들의 바이블인 DSM(Diagnostic and Statistical Manual 정신질환 진단 및 통계 편람)에서 정의한 나르시시즘은 신화의 원래 의미와 가장 동떨어져 있다.

DSM은 나르시시즘을 성격 장애 카테고리에 분류했는데, 주요 증상은 자신의 중요성을 과도하게 느끼는 감정이다. 또한 나르시시즘 환자는 자신의 모습과 현실을 직시하지 못하

고 남들에게 찬사를 받는 것에 집착한다.

DSM의 정의에 따르면 나르시시즘의 전형적인 모델로 제 45대 미국 대통령인 도널드 트럼프를 들 수 있다. 심지어 정신분석학자들은 나르시시즘 때문에 트럼프가 대통령의 역할을 수행할 수 없을 거라 판단하며 해임할 만한 충분한 사유가 된다고 말했다.

> 다른 사람들은 그의 말을 들어야 할 뿐만 아니라, 그가 과시하고 싶어 하는 아이디어에 복종해야만 하는 게 현실이다.

2017년 1월에 있었던 대통령 취임식을 풍자한 시사만평 중 일부이다. 언론사에서 취임식 때 찍은 항공 사진에는 눈속임용으로 비어 있는 땅을 덮은 흰 방수포들이 담겨 있었다. 하지만 트럼프는 취임식에 수백만 명의 인파가 왔다고 말한다. 그의 시선은 방수포에 가 있었던 것이 아니라 앞줄에 몰린 참석자들에게 쏠려 있었기 때문이다. 그리고 머릿속에서 그 인원은 무한대로 확장되었을 것이다. 그게 바로 트럼프의 생존방식이다.

이러지 마, 나 좋은 사람 아니야

제발 내가 최고라고 말해줘

⟡

우리가 생각하는 나르시시즘과 달리, 트럼프는 자신을 사랑하지 않는다. 그는 끊임없는 불안 속에 있으며, 자신의 정체성에 대해 깊은 의구심을 가지고 있다.

그는 자신이 거대하게 보이도록 이미지를 만들어낸다. 자신의 진짜 모습을 들키지 않기 위해, 누구도 건드리지 않기 위해 갑옷을 입은 셈이다. 불안함은 자기 보호를 위한 동물적인 본능이다.

자기 자신과 완전히 단절되었기 때문에 그는 자신이 정말 대단한지 알아볼 수 없다. 매번 '나는 위대하다'라고 단언하지만 아무 의미도, 근거도 없이 되뇔 뿐이다. 심지어 자신을 확신할 수 없어서 끊임없이 다른 이를 통해 자신의 존재감을 확인하고자 한다. 인정 욕구에 빠져 타인의 칭찬을 끝없이 갈구한다. 그는 취임식 인파의 수로 자신의 위상을 확인받고 싶어 했다. 그리고 기자, 언론, 미디어를 비롯해 자신의 갑옷을 깨뜨리는 사람이라면 누구든 분노와 비난에 찬 충동적인 글을 트위터에 올려 공격하고 자신을 보호한다. 아주 사소한 일까지도 말이다.

세계 최강대국 대통령이 되었지만, 트럼프는 TV 리얼리티

쇼 〈어프렌티스〉에서 자신의 뒤를 이어 진행을 맡은 아널드 슈워제네거를 무시하는 발언을 트위터에 올리기까지 했다. 트럼프는 '내가 최고라고 말해라'는 메시지를 비장하게 되풀이하는 것이다. 〈어프렌티스〉는 트럼프가 진행을 맡았던 취업 면접을 다룬 TV 리얼리티 쇼이다. 트럼프가 대통령이 된 후 아널드 슈워제네거가 진행을 맡았는데 트럼프 때보다 시청률이 떨어지자 트럼프는 그를 조롱하는 글을 트위터에 올렸다.—옮긴이

황소가 되고 싶은 개구리

⟷

현실에서 트럼프는 나르시시즘이 전혀 없는 인물이다. 그는 자기에게서 어떤 장점도 보지 못하는 우화 속의 개구리 같다. 개구리는 자기 눈에 엄청나게 커 보이는 황소를 본다. 작디작은 개구리는 황소를 보고 시샘하며 황소처럼 커지기 위해 자신의 몸을 부풀리고 또 부풀린다. 그러면서 친구에게 묻는다.

"이만큼 커? 말해봐. 아직도 아니야?"

"아니야."

"그럼, 이만큼?"

"전혀."

"지금은 어때?"

이러지 마, 나 좋은 사람 아니야

"꿈도 꾸지 마."

한껏 몸을 부풀리던 불쌍한 개구리는 결국 몸이 터져 죽고
만다. 트럼프도 개구리처럼 늘 더 크고, 더 부유하고, 더 강력
하고, 더 매력적인 사람이 되기를 원한다. 기적적으로 황소가
되었으나 그는 자신이 만든 갑옷 안에 스스로를 계속 숨기고
있다.

그는 황소가 이미 됐다는 사실을 깨닫지 못하고 여전히 황
소가 되기를 갈망한다. 공식 회담 때마다 다른 국가수반들을
밀치고 첫 번째 줄에서 사진을 찍으려 하는 모습을 볼 수 있는
데, 두 번째 줄에 서면 황소들에게 가려져 사라질까 봐 두렵기
때문이다. 우리가 일상에서 마주치는 이러한 개구리들은 나
르시스 같은 인물이 아니다. 단지 허영심에 가득 차 있을 뿐이
다. 이들은 자신이 완벽하지 않다는 사실을 알게 될까 봐 자기
자신을 결코 만나려 하지 않는다. 그래서 자신의 장점도 만날
수 없다.

그들은 물론 탁월한 사람들이다. 우리 모두가 그렇듯이 말
이다. 하지만 그들 안에 있는 천재성을 스스로 알아차릴 기회
를 발로 차버리고, 자신을 들여다볼 용기를 내지 못하며, 자기
대신 다른 사람들이 자신에 대해 말해주기를 기다린다.

황소가 되고 싶었던 개구리들은 잘못이 드러나기 전에 공

격하고, 누군가 비난하기 전에 미리 겁을 내며 수습하려 한다. 그들은 자신에게든, 다른 사람에게든 늘 방어 태세를 취하고 있어서 항상 불안하다. 자신을 둘러싼 딱딱한 갑옷 안에 무엇이 들어 있는지 알지 못한다.

진짜 나르시시스트는 안에서 답을 찾는다

⌖

자만심이 강한 사람은 자신으로부터 도망치며 자기 자신에게서 걸어 나와 다른 공간을 차지한다. 그리고 그 공간을 위협할 만한 자들을 짓밟고 그곳에서 함께 거주하는 자들의 삶을 오염시킨다. 자만심은 여러 면에서 가장 팽배한 악이며, 자기 자신, 자신만의 원천과 천재성으로부터 단절될 때 나타난다. 스스로에 대해 잘 모르면서도 잘 안다고 얼버무리며 자신을 찾으려 시도한다.

그런 사람에게는 누군가가 '당신은 착하고 똑똑하고 날씬하며 가정과 일터에서 훌륭한 사람이에요'라고 반복해서 얘기해줘야만 한다. 칭찬이 진정성이 있느냐는 중요하지 않다. 오로지 칭찬 자체만을 원하는 것이다.

그러나 진짜 나르시시스트는 자기 안에 있는 답을 찾는다.

자신의 존재에 대해 끝없이 회의만 품는 게 아니라 스스로에게 확신을 갖는다. 자만심이 강한 사람은 자기 확신을 다른 곳에서 찾고 의심하며 다시 찾는 일을 반복한다.

나를 찾아온 사람 중 한 명은 고통이 어디에서 기인하는지는 몰라도 자신이 고통 속에서 살고 있다는 것만큼은 잘 알았다. 불안은 주기적으로 찾아왔고 점점 커져서 결국은 사이비 치료사들이 행하는 온갖 치료법을 배우러 돌아다녔다.

어떤 치료사는 그에게 호흡법을 가르쳤고, 어떤 치료사는 집에서 매일 할 수 있는 운동을 가르쳐주었다. 그러면서 마음이 편해질 거라고 말했다. 심지어 식단도 바꾸게 했다. 한 번은 글루텐을 금지하고 다음번에는 젖당을 비롯하여 모든 유제품을 금지하라고도 했다. 어느 누구도 내면을 바라볼 수 있도록 그의 손을 잡고 이끌어준 사람은 없었다.

여러 방법을 시도해도 아무런 효과가 없자 그는 더욱 불안해했다. '당신은 멋진 사람이다'라고 수없이 말해줘도 자신이 점점 더 초라하게 느껴졌다. 그러면서 자신의 자만심에 더욱더 의지했다. 그의 태도는 언제나 '내가 멋지다고 말해줘'라고 애원하는 듯했다. 다른 사람의 도움을 간절히 바라는 모습은 보기 딱할 정도로 안쓰러웠다. 그는 결국 불안을 잠재울 또 다른 방법으로 명상을 택했다.

그는 내게 연락하여 '매주 몇 번이나 수련해야 하느냐?', '몇 주째부터 효과를 기대할 수 있느냐?' 등등 명상에 관해 이것저것 물어보았다. 하지만 나는 그에게 명상을 권하지 않았다. 그는 내 반응에 당황하며 불쾌함을 드러냈다.

그가 무엇보다 먼저 배워야 할 것은 자신에게든 타인에게든 마음을 여는 것이었다. 그리고 무엇보다 안전하다고 느끼는 것이 필요했다. 암흑 속에 있는 아이처럼 그는 두려워했다. 그는 그 누구도 아닌 자기 자신을 두려워한 것이다. 자신의 참 모습을 보는 순간 괴물을 발견할까 봐 겁이 났다. 하지만 괴물은 동화에서나 존재한다. 현실에서는 불완전한 존재들, 완벽하지 않은 성격을 지닌 존재들만 있을 뿐이다. 그는 자신의 고통을 인식할 정도로 명석했고, 자신의 힘으로 자신의 길을 찾아갈 수 있는 사람이었다.

칭찬 없이는 살 수 없는 사람

⟨⟩

오래전에 트럼프와 똑같은 사람을 만난 적이 있다. 예전에 함께 일했던 상사였는데, 끔찍할 정도로 자만심에 가득 찬 사람이었다. 나는 늘 그를 칭찬하고 추켜세우고 위로하곤 했다. 그에게 칭찬은 중독성 강한 마약과도 같아서, 효과가 지속되는 동안에는 평온한 모습이었다. 그러나 문제는 그 효과가 빨리 사라진다는 거였다.

나는 소심해서 그에게 직설적으로 말할 수 없었다. 하지만 다른 동료들은 그를 거세게 몰아붙였다. 그럴 때마다 그는 무의식적으로 그들이 자기를 위험에 빠뜨린다고 생각했다. 몇 달 뒤, 위험에 빠진 건 바로 나였다. 하루 종일, 때로는 밤에도 잠을 못 자고 그에게 어떻게 대답해야 할지 어떤 식으로 행동해야 할지 고심했다. 그러면서 극도로 불안해했다.

그러다 어느 순간 깨달았다. 나는 그를 구해줄 수 없으며, 애정 결핍과 인정받고 싶어 하는 마음을 채워줄 수도 없었다. 나는 나를 보호해야만 했다. 이렇게 생각하자 마음이 편안해졌고, 나 자신을 존중하며 내 일에 집중할 수 있었다.

그는 다른 사람들처럼 나를 경멸의 시선으로 보기 시작했다. 하지만 나는 머리를 꼿꼿이 든 채 지속적으로 저항했다. 그러자 다른 분위기가 형성되었다. 그때만 해도 내가 나르시시즘이라고 명명하지 않았던 무언가가 나를 보호해준 것이다. 어느 순간 그는 내 약점을 발판으로 자만심을 키우던 짓을 그만두었다.

개구리들의 자만심을 자부심과 혼동하지 말자. 자만심은

우스꽝스럽게 거들먹거리는 것뿐이다. 자부심은 올바르게 사용된다면 정당한 감정이다. 그러나 자부심도 나르시시즘과 마찬가지로 아주 오래전부터 굳어진 도덕관념 때문에 야유의 대상이 되었다. 이런 도덕관념은 자신을 사랑하고 자신의 성취에 조금이라도 자부심을 내비치는 걸 금지했다.

자만심과 자부심의 차이점

✛

자부심은 무언가를 성취했을 때 느끼는 자연스러운 감정이다. 하지만 이를 겸손과 신중함의 정반대로 바라보는 사회적 분위기 때문에 쉽게 느끼지 못한다. 열심히 노력하여 어떤 일을 해내도 만족하지 못하고 '왜 이렇게 했을까?' 하며 후회한다. 좋은 성적을 받거나 맛있는 채소들을 수확했을 때, 새로운 헤어스타일이 아주 잘 어울릴 때, 자신의 성취를 자랑스러워하는 이에게 더 멀리 갈 수 있도록 용기를 주는 대신 '더 잘할 수 있었잖아!'라고 비난한다.

자만심은 눈먼 상태와 같다. 내면에 있는 진짜 '나'와 단절될 때 생겨난다. 하지만 자부심은 자신을 통찰력 있게 바라보는 시선에서 나온다. 만약 내가 누군가에게 모욕적인 말을 자

이러지 마, 나 좋은 사람 아니야

주 뱉었다면 반드시 고쳐야 하는 잘못을 저지른 것이다. 열심히 노력해서 잘못된 행동을 고쳤다면 스스로 칭찬하고 축하해야 한다. 과거에 저지른 잘못으로 다른 사람이 나를 훌륭한 사람으로 보지 않아도 상관없다. 노력하는 나 자신을 스스로 이미 알고 있기 때문이다.

우쭐해지기 위해 다른 사람을 괴롭힐 필요도 없고 무시할 필요도 없다. 진정한 나르시시스트는 내 가치를 인정받으려고 다른 이의 시선을 갈구하지 않는다. 자부심은 내가 느끼는 것, 내가 할 줄 아는 것을 확신하는 행위이다. 사람들은 종종 자부심을 가지고 열정적으로 힘차게 움직이며 무언가를 하려는 이들, 한계를 넘어서려는 이들을 비웃는다.

자부심이 없으면 고통스럽다. 항상 신중하고 겸손한 태도 때문에 칭찬을 받지만 자부심이 없다면 자기 자신으로 살아가지 못한다. 그들은 스스로를 깎아내리고 스스로를 늘 몰아붙인다. 아무리 진심으로 칭찬해도 그는 입발림 소리로 받아들인다.

또한 자부심이 부족한 사람은 자만심이 강한 사람과 비슷한 잘못을 저지른다. 말로 표현하지 않더라도 그들 역시 다른 사람이 자신을 인정해주기만을 바라기 때문이다. 이런 사람들은 늘 다른 사람들에게 이용당하기 쉽다.

스스로 개미가 되어버린 황소

⟨⁖⟩

어릴 때부터 아주 가깝게 지내는 친구가 한 명 있다. 만나면 늘 즐거운 친구였다. 서로 마음을 열고 속 이야기를 한 적도 많았다. 친구는 가족을 위해 학교도 제대로 마치지 않고 자기 삶을 기꺼이 희생했다. 친구와 달리 나는 학업을 계속 이어 가서 박사 학위를 받고 책을 쓰기 시작했다. 그런데 어느 순간부터 친구와 멀어졌다는 느낌을 받았다. 전화를 하면 늘 단답형으로만 대답했다.

우리 사이에 질투가 개입할 여지는 전혀 없다는 걸 알았지만 친구의 태도에 혼란스러웠다. 친구 또한 자신이 만든 어색한 분위기에 고통스러워한다는 것을 알았다. 어느 날 도대체 이유가 뭐냐고 묻자, 솔직한 답이 돌아왔다.

"너는 똑똑하고 책도 쓰잖아. 나는 이제 네 세계에 있을 수 없어. 너하고 어울리는 사람이 아냐. 너한테 도움이 될 만한 것도 전혀 없고 말이야."

나는 친구에게 내가 얼마나 너를 좋아하는지, 네가 모든 것에 애정을 가지고 대하는 시선을 얼마나 소중히 생각하는지 말하며 마음을 돌리기 위해 모든 노력을 기울였다. 그러나 친구는 내 말을 믿지 않았고, 너무 겸손한 나머지 자신을 깎아내렸다. 나는 친구의 말을 반박하면서 우리가 함께 놀았던 일을 떠올리게 하고, 나는 그 상황의 너를 사랑하는 게 아니라 그냥 있는 그대로의 너를 사랑하는 거라고 말하고 또 말했다. 하지만 친구는 결코 자신의 의견을 굽히려 들지 않았다.

겸손이 지나쳐서, 나르시시즘이 전혀 없어서 나와 더는 친하게 지내기를 거부한 친구를 생각하면 마음이 아프다. 요즘도 여전히 함께 만나 대화하던 때가 그립다. 그는 훌륭한 사람이었지만 자신을 있는 그대로 즐기고, 자신이 가진 것으로 기뻐하길 거부했다. 그 이후로는 내게 말을 걸 생각도 하지 않았다. 개구리와 같았던 그 친구는 황소가 되기를 원했던 게 아니라 스스로를 개미로 보았다. 나르시스의 거울을 잃어버렸기 때문이다.

자신에게 너무 많은 것을 바라지 마

"자신에 대한 사랑만이 유일한 사랑이다."
—시몬 베유

나는 몇 년 전부터 전혀 완벽하지 않은 남자와 살고 있다. 그는 사회적 관계를 맺는 데 서투른 자신을 비난하며, 그 때문에 자기는 발전도 못 하고 어떤 일도 해내기 힘들다고 투덜댄다. 그러나 사회적 관계에 능숙해진다면 이 친구의 놀랍도록 다정다감한 성격도 함께 사라질 게 분명하다. 다정함이야말로 그가 일을 안정적으로 해나가게 하는 원동력이기 때문이다.

나는 그의 약점을 알고 있으며, 장점 또한 알고 있다. 메달의 양면이 모두 메달의 일부분이듯이 약점과 장점 모두 바로 그 자신이다. 나는 이 메달을 그 자체로 좋아한다. 양면이 있어서 하나가 된 메달을 말이다.

나의 할머니는 내 결점을 완벽하게 알고 있었다. 내가 똑똑하지 않고 약간 이상하며 때로는 서투르고 친구도 없고 달리기도 못하며 다른 아이들과 놀 줄 모르는 학생이란 걸 알았다. 또한 내가 무능한 내 모습에 실망하고 있다는 것과 이런 감정에 푹 빠져 헤어나지 못할 때면 몹시 예민해진다는 것도 알았다.

그러나 할머니는 내 안에 숨어 있는 시인과 예술가, 모든 것에 호기심을 가지고 집중하는 소년을 보았다. 나의 결점들을 포함해서 나를 있는 모습 그대로 사랑해준 분이 할머니였다. 나라는 사람의 양면을 이루는 약점과 장점 모두를 고스란히 사랑해준 것이다. 내 모습 이상으로 대하지 않았고 나를 미화하지 않았다. 그 대신 "넌 할 수 있어. 너를 믿어" 하며 따뜻한 시선으로 나를 바라보았다. 그 시선 덕분에 나는 한결 편안해졌다. 할머니가 돌아가신 후 몇 년이 지난 지금도 나는 그 기억에 위로를 받는다.

할머니는 완벽한 사람이 아니었다. 완벽함과는 거리가 멀었다. 홀로코스트에서 살갗이 벗겨진 채 살아남았고, 온 가족이 나치 수용소에 끌려가 죽은 이후 상실감에서 벗어나지 못했다. 한 번도 이런 얘기를 하지는 않았지만 할머니는 늘 과거의 그림자 속에서 살아갔다.

할머니는 다른 사람과 달랐지만 나는 할머니를 있는 모습 그대로 깊이 사랑했다. 내게는 최고의 할머니였다. 비록 나를 귀찮게 할 때도 있었지만 그것 때문에 할머니를 다른 사람과 바꾸고 싶은 마음은 전혀 없었다. 그렇다고 해서 할머니가 자신의 단점을 용납한 건 아니었다. 나 또한 과거에는 내 어리숙함을 받아들일 수 없었고, 내 파트너도 다른 이들과 관계를 맺는 데 여전히 힘들어하면서 그런 성격을 자책했다.

왜 자꾸 연예인과 나를 비교하는 걸까?

✢

우리가 다른 사람을 사랑하는 이유는 그가 그 사람이기 때문이다. 우리는 그 사람 자체를 사랑한다. 그러나 스스로를 판단할 때는 너무나도 냉철하다. 내 모습 그대로, 나인 나를 사랑하지 못한다.

우리는 자기 자신에 대한 기대치에 이르지 못하면 죄책감을 느끼며 살아간다. 우리가 가장 좋아하는 스포츠는 끊임없이 자신을 다른 사람과 비교하는 일이다. "저 여자가 더 똑똑해", "이 사람은 나보다 기회가 훨씬 많아"라고 말하면서 말이다.

또한 우리는 일상에서 늘 만나는 사람들이 아니라 자신보다 이상적인 사람들과 자신을 비교한다. 나는 평범한 주변 사람들이 아니라 잡지 속 패션모델처럼 되기를 원한다. 보정을 많이 한 모습이란 걸 알면서도 말이다.

부부관계는 어떨까? 나는 소설이나 영화, 잡지에 나온 이상적인 부부의 이미지를 꿈꾼다. 게다가 이런 매체에 등장한 이상적인 부모는 늘 온화하며 매일 밤 아이들에게 침대 머리맡에서 이야기를 들려준다. 그런데 나는 항상 온화하지도 않으며 매일 밤마다 아이들 곁에 있어줄 수도 없고 날마다 동화를 들려주고 싶은 마음도 없다. 나는 '이상적인' 부모가 아니다. 그렇다고 내가 나쁜 부모인 걸까?

아무리 자신을 괴롭히고 채찍질한다 해도 우리는 가상의 모델들이 갖춘 성공과 아름다움과 행복의 이미지에 닿을 수 없다. 사람들은 '정상'이라고 규정한 길로 우리를 이끌기 위해 모델들을 본받아야 한다고 조언하지만 말이다.

나는 누군가가 우리에게 담담하게 웃으며 그 길을 권할 때 화가 난다. 게다가 그렇지 못한 나를 비난하면 눈물이 난다. 우리는 그렇지 못한 나를 화끈하게 인정하거나 용납하는 대신 죄책감에 사로잡힌다. 그리고 끊임없이 미안해한다. 메일에 빨리 답장을 하지 못해서 미안하고, 저녁 초대를 했으나 준비한 식사와 디저트가 기대했던 수준에 미치지 못한 것 같아 미안하다.

우리는 의무를 다하지 못했고, 끝까지 희생하지 못했다고 생각하며 내가 한 잘못들을 수없이 만들어낸다. 마치 내 잘못은 계속 많아져야 한다고 생각하는 것 같다. 우리는 매번 용서를 구하고 다른 이들이 우리를 용서해주기를 기다린다. 우리가 저지르지 않은 잘못까지 포함해서 말이다. 결국은 모든 일에서 죄인이 되는 것이다.

자꾸만 과거를 되돌아보며 후회한다면

⟷

나는 내 파트너에게 미안한 마음을 자주 갖는다. 원하는 만큼 함께 있어줄 수 없어서, 충분히 잘해주지 못해서, 휴가를 길게 떠나지 못해서, 일요일에도 일해야 할 때가 많아서 미안하다. 그의 곁에 머물기 위해 어쩌다가 바쁜 생활을 잠시 미뤄둘 수 있지만, 그것도 충분하지 않다는 걸 안다. 그래서 또 미안해할 것이다. 이런 이야기를 했더니, 그는 내가 충분히 잘해주고 있는데 왜 미안해하는지 이유를 모르겠다며 웃었다. 나는 도대체 무엇을 용서받기 원했던 것일까?

마찬가지로 예전에 고등학교에서 철학을 가르치던 때에도 난 학생들에게 오랫동안 미안한 감정에 빠져 있었다. 당시 나는 내 수업이 형편없다고 생각했다. 나이 차이가 별로 나지 않는 학생들을 가르쳐야 하니 주눅이 들었던 것도 사실이다. 그래서 결국은 가르치려던 내용을 절반이나 빼먹고 수업을 마치고 말았다. 그 후 거의 십여 년 동안 그때 일을 생각할 때마다 더 잘하지 못한 걸 후회하곤 했다.

　　그러던 어느 날 그때 가르쳤던 학생들을 우연히 만난 적이 있었다. 그런데 그 학생들이 내게 고맙다고 인사를 하는 것이 아닌가! 그들은 내가 가르쳤던 플라톤이나 칸트의 사상은 다 잊었지만 그들의 실존 문제에 대해 열정적으로 이야기하던 모습은 기억하고 있었다. 학생들이 나를 그렇게 기억하고 있을 줄은 상상도 하지 못했다. 더 놀라운 것은 고등학교에서 내 철학 수업을 들은 학생들 중에 철학을 전공으로 선택한 아이들도 있다는 사실이었다.

　　나는 같은 일을 되씹고 후회하며 죄책감을 느끼는 사람이다. 이와는 달리 죄책감을 공격적으로 표출하는 사람들도 있다. 어떤 이들은 늘 폭발 직전에 있고 항상 자신을 방어하며 살아간다. 눈물을 흘리거나 화를 내기도 한다. 그들은 언제나 저기압이다.

실제로 그들이 원망하는 상대는 다른 사람이 아니라 그들 자신이다. 밖으로 표현하지는 않지만 이들은 어떤 상황에서도 자신이 불완전하며 다른 사람보다 부족하고 결점으로 똘똘 뭉친 하찮은 존재여서 비난당해 마땅하다고 느낀다. 그러고는 자신을 보호하겠다는 헛된 희망 안으로 숨어 공격받기 전에, 잘못과 결점이 까발려지기 전에 먼저 공격한다. 스스로는 자기 자신을 용납하지 못하면서 다른 이는 그렇게 해주리라는 부질없는 환상을 품고서 말이다.

있는 그대로를 인정하기 위한 용서

⟊

우선 용서라는 개념에 들어 있는 오해부터 풀어보자. 용서는 없애는 게 아니다. 그렇다고 부인하는 것도 아니다. 남아프리카공화국은 인종 차별 정책인 아파르트헤이트를 철폐한 후, '진실과 화해 위원회'를 설립했다. 그 목적은 과거를 잊거나 정당화하거나 이해하자는 것이 아니었다. 또한 그 역사는 이해해줄 만한 것이 아니었다.

위원회를 설립한 목적은 흑인과 백인 양쪽 진영에서 살아남은 모두를 위한 것으로 더 심오하고 근본적이었다. 과거의 잘못을 분명히 인식하고 기억하여 고통을 극복하고 다음 페이지를 여는 것이 바로 그 목적이었다. 다시 한 번 말하지만 결코 과거를 없애기 위해서가 아니다. 온 국민이 공포 속에서 살아가는 것을 막으려는 선택이었다.

내가 나의 잘못이나 불완전함을 용서하는 건, 나를 정당화하거나 잘못을 부인한다는 뜻이 아니다. 오히려 그 반대이다. 또한 '별것 아니야'라며 생각해버리거나 최선을 다했다고, 나는 비난받을 이유가 없다고 합리화하는 것도 전혀 아니다. 우리는 모두 경험상 이러한 시도가 소용없으며 그래봤자 결국은 '실패했다'는 무거운 자책감 속에서 고개를 숙일 수밖에 없다는 걸 안다.

나의 나약함과 불완전함을 건드리지 않고는 자신을 용서할 수 없다. 보고 싶지 않은 나의 약점과 대면해야 하며, 무시하고 싶었던 상처들, 내가 닮고자 열망했던 모델의 이미지와는 전혀 다른 나의 현실을 똑바로 마주해야 한다.

마음 깊은 곳에서 자책한다 해도 진심으로 나를 용서해야만 한다. 가까이에서 바라보기 두려웠던 나와 화해해야 한다. 자만심 강하고 아량이 부족한 나, 매번 실수를 저지르는 나와 말이다. 나를 용서하는 것은 자신이 연약하지만 개선될 수 있는 인간임을 받아들이는 과정이다.

과거의 기억이 자꾸만 나를 망친다면

✛

작은아버지가 몸이 매우 좋지 않아 병원에 입원한 적이 있었다. 그때 나는 병문안을 가지 않으려 온갖 핑계를 대며 미루다가 작은아버지의 임종을 맞이했다. 나는 깊이 후회하며 자책했다. 그러지 말아야 했다.

작은아버지를 보는 게 두려웠던 걸까? 아니면 내가 이기적이어서? 아니면 작은아버지에 대한 오랜 원망이 너무 컸기 때문일까? 왜 돌아가시기 전에 진작 찾아뵙지 않았는지 스스로 납득하지 못하는 한 나는 계속 자책 속에서 살아갈 것이다.

자신을 용서하는 것은 나르시스가 수면에 비친 자신의 모습을 응시하듯이 자신의 모습을 분명하게 바라보는 것이다. 하지만 자신을 용서한다고 시간을 되돌릴 수 없다. 그렇다고 후회 속에 매몰되어 사느니 차라리 그 일을 교훈으로 삼는 것이 낫고, 방구석에 처박혀 쭈그려 있느니 그 일을 성장의 발판으로 삼는 편이 바람직하다.

과거 때문에 스스로를 망치지 말고, 잘못을 직시하고, 평가하고, 나를 변화시키는 계기로 삼아야 한다. 다음 단계로 나아가고 앞으로 걸어가기 위해 마음을 가라앉혀야 한다.

나는 나를 용서한다. 불필요하게 나를 좀먹는 일을 그만두고, 잘못을 저질렀다는 두려움과 '그랬어야 했다'는 후회 속에서 사는 일을 멈추고자 한다. 나는 내 결점과 장점을 인식하고 본래의 모습 그대로 살아가겠다고 결심한다. 나는 완전하지 않은 나를 사랑한다. 어떤 면에서는 완전히 실패했지만, 그렇기 때문에 너무나 인간적인 나를 용서한다.

더는 사랑받지 못하리라는 끝없는 두려움 속에서 전전긍긍하지 않고 내게 평안을 주려 한다. 삶의 호흡을 내 안으로 다시 끌어들이고, 내가 나일 때, 내가 생각하는 것을 생각할 때 가장 평안할 수 있음을 깨달을 것이다.

나는 나로서 충분하다

✦

나는 나로 머무는 걸 목표로 삼았다. 다만 현재의 내가 아닌 좀 더 나은 상태의 나, 내 마음이 기뻐하지 않는 것은 모두 치워버리는 나로 말이다. 치워야 할 목록은 조급함, 느린 행동, 잘 믿지 못하는 성격, 분노 등이었다. 나는 이런 자질들을 잘못된 것으로 보았고 뜯어 고칠 수 있다는 희망을 품은 채 스스로를 괴롭혔다. 그러나 아무 소용없었다.

이런 내가 늘 싫었고, 늘 괴로움 속에 갇혀 지냈다. 나는 죄책감을 켜켜이 쌓아올렸다. 부모님을 실망시킨 일, 여기서는 몹시 화를 내고, 저기서는 내 요구를 충분히 들이밀지 못한 일 등등.

나는 내가 까칠한 성격을 지녔다는 게 마음에 들지 않았다. 내 성장의 걸림돌이라고 생각했기 때문이다. 이런 생각이 되풀이되자 까칠한 성격이 실제로도 내 길을 가로막았다. 나는 내 성격을 비난했고 스스로에게 실망했다.

이 모든 과정은 내 죄책감을 배불리며 오랫동안 반복되었다. 내가 설립한 명상센터에서조차 원했던 만큼 집중할 수 없었다. 건강에 큰 문제가 있었던 친구에게도 자주 찾아가지 못했다. 일에 있어서 좋은 기회를 놓치기도 했다.

피카소는 자기 그림에 감탄하는 자에게 아쉬운 목소리로 말하곤 했다.

"아닙니다. 내 머릿속에 들어 있는 그림을 보실 수 있다면 좋을 텐데요. 그게 훨씬 더 좋거든요."

나는 이렇게 말하는 피카소와 다를 바 없었다. 더구나 우리는 자신이 한 일에 대해 너무 자주 실망한다. 이미 끝낸 일은 우리가 '해낼 수 있었을' 일보다 모자라고, 이상적으로 생각했던 최상의 결과물에 미치지 못한다고 생각한다. 그래서 우리는 사과하며 자책한다.

명상은 나를 나르시시즘으로 이끌어주었으나 명상이 나라는 사람을 바꾸지는 않았다. 그러나 더 큰 영향을 주었다. 바로 내가 나 자신과 맺는 관계를 근본적으로 바꾸어놓은 것이다. 나는 내가 불완전한 존재이며, 여러 가지 면에서 부족한 사람이고, 내가 동경하는 수준에 이르지 못한다는 사실을 인정했고, 나 자신을 용서했다.

내가 지닌 약점이 끔찍한 것이 아니라 약한 인간의 모습일 뿐이란 걸 깨달았을 때, 나는 나를 사랑하게 되었다. 그리고 스스로를 이해하지 못한 채 끊임없이 자신을 갉아먹거나 망치는 일을 그만두었다. 나를 재발견했고, 마침내 나의 것을 남들에게 줄 수 있었다.

나는 여전히 이상적인 배우자도, 이상적인 아들도, 이상적인 인간도 아니다. 닮고 싶어 하는 롤 모델과도 전혀 다르며 늘 실수를 한다. 하지만 애정을 가지고 그 실수들을 바라보는 법을 배웠다. 이제 온몸이 마비될 정도로 고통스러워하지 않고, 결과를 두려워하지 않고, 나를 집요하게 괴롭히지 않고, 나의 실수와 잘못을 찬찬히 관찰한다. 그리고 이러한 방법이 앞으로 같은 잘못을 저지르지 않게 만드는 유일한 방법이란 사실을 깨달았다.

3장

나를 사랑하라,
가장 사랑하는
사람을 사랑하듯

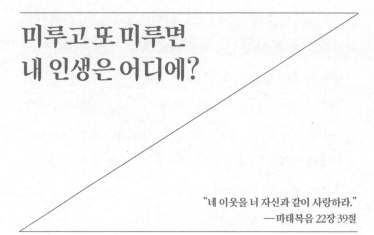

미루고 또 미루면
내 인생은 어디에?

"네 이웃을 너 자신과 같이 사랑하라."
─마태복음 22장 39절

나는 괜찮은 사람이다. 정말 그렇다. 이 사실을 입증할 만한
일은 차고 넘친다. 부끄러움이란 가면 뒤에 숨어서 굳이 이 사
실을 감추고 싶지 않다. 이런 말을 한다고 거만한 것도, 죄를
짓는 것도 아니다.

스스로를 괜찮은 사람이라고 내세우는 일이 보수적인 도덕
관념과 상충한다는 건 잘 알고 있다. 게다가 이런 확신이 자신
의 천재성이나 다른 장점을 인식하는 데 도움을 주는 것도 아
니다. 그러나 내게는 수많은 장점과 그만큼의 단점이 있다. 나

는 아인슈타인도 마틴 루터 킹도 아니다. 나는 내가 완벽한 존재가 아니란 걸 알고 있으며 그렇게 되고 싶은 마음도 없다. 그럼에도 내가 괜찮은 사람이라는 건 바뀌지 않는 사실이다.

'나는 괜찮은 사람이다'라는 말에 사람들은 어떻게 반응할까? 어떤 이는 동서고금의 현인들이 가르쳤던 겸손의 미덕을 송두리째 부정하는 발상이며 우리의 정신적, 철학적 유산을 조롱하는 것이라고 생각할지 모른다.

자기 자신을 사랑하고, 자신을 칭찬하기보다는 타인에게 더 신경을 쓰고 희생해야 한다고 주장하기도 한다. 즉, 내가 괜찮은 사람이라는 것을 스스로 인정하고 사람들에게 말하는 것만으로도 속물적이거나 도덕적으로 부족한 사람으로 보일 수 있는 것이다.

하지만 이는 그릇된 생각이다. 실제로 가장 위대한 서구의 지혜는 스스로 자신이 탁월한 사람임을 알 권리, 자신을 사랑할 권리를 말하고 있다. 이것이야말로 뛰어난 현인들이 전해준 훌륭한 교훈이다. 그러나 잘못된 해석 때문에 우리는 그들의 가르침을 지루하고 따분하며 추상적인 지식, 되풀이해서 떠벌리기만 하는 지식으로 바꾸어놓았다.

그들은 사랑에 대해 말했으나 우리는 가르침을 곡해하여 희생과 자기 부정을 강조한다. 자신이 가진 싹을 틔우고 활짝 꽃피우라는 현인들의 말과 정반대로 스스로를 괴롭히는 길을 택했다. 현인들의 가르침을 저버린 것이다.

내가 누구인지 스스로에게 질문하라

✢

기원전 5세기에 서양철학의 기틀을 마련한 소크라테스는 철학적 진보, 즉 실존적 진보의 길을 열었다. 그는 위대한 사상가였으나 자신을 스승이라 생각하지 않았고, 동시대의 현학적인 궤변가들과 달리 지식을 뽐내려 하지 않았다. 그는 가르칠 것이 없다고 단언하며 대신 질문을 던졌다. 그것도 전문가나 학자들에게 질문한 것이 아니라 광장에 있는 사람 누구든 붙잡고 질문했다. 가난한 자든 부자든 젊은이든 노인이든 가리지 않았다.

플라톤의 『메논』을 보면, 한 노예가 소크라테스와 함께 미덕에 대해 대화를 나눈다. 노예는 자신이 평범하다고 생각했지만 소크라테스와 대화하면서 스스로에게 질문을 던지기 시작한다. 나르시스처럼 샘에 자신을 비춰보고 참된 '나'를 인식하며, 자신의 천재성을 발견하기 위해서다.

소크라테스가 죽은 후, 플라톤이 재구성한 대화록에는 오늘날 야심가로 알려진 청년 알키비아데스와 소크라테스의 대화 장면이 나온다. 외모, 부, 학식 등 모든 걸 다 갖춘 알키비아데스는 자신에게 다가오는 남루한 행색의 노인을 보고 처음에는 경멸의 눈빛을 보낸다. 아름다운 신체와 명문가의 혈통, 수많은 노예와 저택 등 많은 것을 소유한 그는 자신을 자유롭고 행복한 사람이라고 여겼다. 그러나 소크라테스는 그를 자극하여 내면에 있는 참된 집으로 돌아가도록 이끈다.

알키비아데스는 자신을 충분히 사랑한다고 믿었지만, 소크라테스는 그가 외부적인 것들, 다른 사람이 그에게 부러워하는 가짜 이미지만 사랑하고 있음을 깨닫게 해주었다. 청년은 자기 자신을 사랑하지 않았다. 자기 자신을 온전히 만난 적이 한 번도 없었기 때문이다. 그는 자신이 진짜 누구인지, 무엇을 진정으로 원하는지 알지 못했다.

소크라테스는 알키비아데스에게 자기 자신을 유심히 살펴보라고 말하는 대신, 델포이 신전 입구에 새겨진 '너 자신을 알라'는 경구를 삶에 적용하라고 한다. 어떻게 해야 자기실현을 하고 진정한 행복을 찾을 수 있는지 자신에게 질문을 던지라는 요청이었다.

소크라테스는 "나 자신도 모르면서 나와 무관한 것을 알려고 애쓰는 건 어불성설"이라고 말한다. 그러면서 자신이 이미 알고 있는 바를 스스로 깨닫도록 이끌었다. 자신에게 중요한 것이 무엇인지 알지 못하면 알키비아데스가 목표로 삼았던 정치적 야망도 헛될 뿐이고, 자기 주변에 선을 행할 수 없다는 사실을 일깨워준 것이다.

무조건적인 희생은 위험하다

✛

소크라테스는 나르시시즘으로 우리를 초대한다. 나르시시즘은 자신을 들여다보고 이해하는 기술이다. 우리는 소크라테스의 주장을 근거로 희생이라는 개념에 맞설 수 있다.

소크라테스는 자신이 원하는 것을 알아야 한다고 말하지만, 희생은 자신이 원하는 것보다 타인이 원하는 것을 더 중요시하는 행위다. 그렇게 타인을 위해 희생하고 타인에게 모든 걸 주다 보면 타인의 욕구를 자신의 욕구라고 착각하게 된다. 제 발로 어두운 터널로 들어가 눈을 감은 채 살아가는 것과 같다. 그러면서도 이러한 희생정신을 추켜세우고 모범적이라고 부추긴다. 하지만 이는 끔찍한 결과로 이어지기도 한다.

독일 나치스 친위대 장교 아돌프 아이히만이 바로 그 예이다. 아이히만은 수백만 명의 유대인을 대량 학살한 책임자이자

전범으로 1962년 예루살렘에서 열린 재판에서 사형 선고를 받았다. 나는 그가 엄청난 자기애와 유대인들에 대한 불타는 적개심을 가진 자라고 생각했다. 잔인한 악마처럼 수용소로 유대인을 수송하면서 세세한 사항까지 전부 주관한 자라고 말이다.

그러나 재판 때 보여준 그의 모습은 왜 그런 일을 하는지 이해도 하지 못한 채 그저 명령을 이행하는 데만 만족하는 보잘 것없는 개인이었다. 스스로 판단하지 않고 낮은 자존감으로 일하는 하찮은 일꾼에 불과했다.

아이히만은 수백만 명의 사람을 학살하라는 명령을 마치 초콜릿 상자를 만들라는 명령처럼 수행했다. 그에게 가장 중요했던 건 임무를 완벽히 해내는 것뿐이었다. 그 임무가 어떤 목적이든 상관할 바가 아니었다.

자신이 입은 제복의 이미지가 자신의 진짜 모습이라고 철석같이 믿으며, 타인의 고통에는 눈도 꿈쩍하지 않던 사람이 아이히만이었다. 그는 자신의 지성은 믿지 않았지만, 자신을 충성스러운 사람이라고 생각했다. 더구나 그는 유대인을 경멸하지도 않았다. 그는 그저 나르시시즘의 부재로 인간적인 면을 갖추지 못하고 단지 로봇처럼 행동한 사람이었다.

소크라테스가 '너 자신을 알라'고 말한 까닭은 아이히만 같은 자들이 양산되어선 안 되기 때문이다. 날마다 자신의 임무를 성실하게 수행하지만 그 임무의 의미와 목적에 대해 의문을 품거나 그 임무가 옳은지 그른지 생각하지도 않는 로봇, 자신을 들여다보지 않고 자신을 포기하고 복종하는 로봇이 되지 않도록 말이다.

이성을 완전히 팽개치고 주어진 명령에 맹목적으로 복종한다면 결국 고장이 나서 자신이나 타인, 공동체에 이로운 일은 전혀 할 수 없는 존재가 된다.

소크라테스의 가르침으로 철학은 각 개인이 지닌 천재성을 밝혀주는 나르시스적인 앎의 시대로 들어섰다. 그러나 현재 우리는 이론적인 성찰과 지식 전달만 강요하는 추상적인 교육으로 돌아왔다. 이러한 교육은 지혜라고 볼 수 없다. 결국 소크라테스의 가르침은 후대의 왜곡된 해석으로 그의 본뜻과는 다르게 전해졌다.

이웃보다 나를 먼저 사랑하라

✢

예수 또한 여러 세기 동안 오해를 받았다. 부모님이 보낸 가톨릭 학교에서 나는 사제들이 대대로 물려받은 규범적인 언어를 배웠다. 이 언어의 기초는 규칙과 규칙에 대한 존중이다. 그들이 알려준 도덕은 무조건적인 순종만이 가장 높은 가치를 가졌다. 그리고 자신을 사랑할수록 신에 대한 사랑은 사라진다고 배웠다.

나는 서른 살이 되어 복음서를 다시 읽었다. 교회에서 가르치는 것이 아니라 자발적으로 읽은 것은 그때가 처음이었다. 나는 그제야 도덕과 규범이 옭아맬 때 단호히 거부하는 한 개인의 모습을 발견했다. 그전까지 나는 예수가 자신의 지식을 화려한 언변으로 전달하는 엄격한 사람이라고 생각했다. 하지만 복음서에 그는 누구나 사랑받아 마땅한 존재이며, 그러한 자신의 모습을 인식해야 한다고 촉구했다. 또한 우리 모두 사랑받아 마땅한 이유는 각자가 지닌 장점 때문이 아니라 인간이라는 유일한 가치 때문이라고 했다.

성경에서 예수는 사마리아 여인에게 물을 달라고 말을 건넨다. 적국의 사람이던 여인, 다섯 번이나 결혼했고 함께 사는 여섯 번째 남자도 남편이 아닌 여인에게 먼저 다가간 것이다. 이는 당시에 엄격히 지켜지던 규범을 뒤흔드는 일이었다.

예수는 사마리아 여인에게 그녀가 원래부터 지니고 있던 존엄성을 돌려주었고, 그녀가 어떤 사람이든, 현재 어떤 상황에 처했든, 개인적인 특징들과는 전혀 상관없이 사랑받아 마땅한 사람임을 일깨워주었다. 여인은 존재 자체로 대접을 받을 만한 사람이었다.

> 네 이웃을 네 자신과 같이 사랑하라.
>
> 마태복음 22장 39절

예수의 이 메시지는 구약성서의 세 번째 책인 레위기 19장 18절의 명령을 문자 그대로 다시 말한 것이다. 이웃 사랑은 자기 자신에 대한 사랑을 전제한다. 신학서를 수없이 읽고 해석했던 철학자 시몬 베유는 이 구절을 다음과 같이 해석한다.

> 자기 자신보다 이웃을 더욱 사랑하고 자기를 생각하지 않는 것은 이성에 반하는 잘못을 범하는 것이다.

베유는 부르주아여자고등학교에서 철학 교사로 일하면서, "자기 자신을 사랑하는 일은 자연스럽다. 그 사랑을 제대로 이해하지 못하면 광기가 된다"라고 제자들에게 가르쳤다. 이처럼 성경과 복음서에서 적극적으로 권장했던 자신에 대한 사랑이 왜 저주가 되고 자신에 대한 증오가 되었을까?

기원후 4세기에 히포 레기우스 마을 주교이자 신부였던 성

아우구스티누스는 백여 년 먼저 태어난 플로티노스의 영향을 많이 받았다. 플로티노스는 그리스 로마의 신비주의 철학자다. 그는 개별적인 인간, 즉 개인이 지혜를 탐구하는 일을 방해하는 가장 큰 요인이라고 보았다. 세계의 근원인 유일자는 유대 그리스도교가 신이라고 부른 존재뿐이라고 파악했기 때문이다. 아우구스티누스는 플로티노스처럼 스스로에게 만족하여 암흑 속으로 빠져드는 영혼들을 질책했다. 그리고 유명한 기도문을 남긴다.

> 신이시여, 나로 하여금 내가 누구인지를 알게 하시고, 부끄러움과 멸시로 나 자신을 뒤덮어서 다른 것은 필요치 않게 하소서.

신학자들은 아우구스티누스를 따라 예수의 가르침을 왜곡했고 그 가르침에 납처럼 무거운 덮개를 씌워버렸다. '자신을 사랑하라', '나르시시스트가 되어라'는 메시지가 모든 악의 근원으로 변한 것이다. 이후 13세기에 성 토마스 아퀴나스는 겸손이라는 미덕이 사라진 것에 탄식한다. 그에 따르면 겸손하지 않은 것은 큰 잘못이며 신을 거역하는 일이었다.

사랑을 위한 가장 중요한 조건

⊹

'나르시시즘'이란 용어는 1899년 독일 정신의학자 폴 네케가 자신의 몸을 성적 대상으로 삼는 증세를 나르시시즘이라 규정하면서 사용되기 시작했다. 몇 년이 지나 나르시시즘에 관한 정의를 뒤집은 사람은 20세기 초에 활동했던 작가 루 안드레아스 살로메였다. 러시아 귀족 가문에서 태어난 그녀는 니체와 릴케에게 큰 영향을 미쳤고, 프로이트와 오래도록 우정을 나눈 것으로 유명하다. 프로이트는 살로메를 이해력이 가장 뛰어난 여성이라고 부르기도 했다.

그녀는 유럽의 예술가들, 그중에서도 특히 릴케와 오랫동안 친분을 나누고 특별한 관계로 지내면서 나르시시즘만이 내면의 평화를 이루는 유일한 조건이라고 강하게 얘기한다. 그러면서 이 평화를 찾으면 두려움 없이 내면 깊숙이 들어갈 수 있고, 그 안에 깃든 생의 근원을 건드릴 수 있다고 말한다.

살로메에 따르면, 어떤 것도 생의 근원에서 고립된 상태에서는 실제로 살아 있을 수 없다. 또한 자기를 사랑하는 것은 창작 활동에 반드시 필요하며 나의 바깥에 있는 다른 이에게 마음을 열기 위한 첫 번째 조건이다.

따라서 나르시시즘은 자신으로 향하는 첫 번째 움직임이다.

이를 통해 우리의 천재성을 펼칠 수 있다. 그러나 나르시시즘을 갖추지 않는다면 참된 즐거움 안에 있을 수 없고 나 자신을 넘어설 수 없다.

정신분석학의 아버지인 프로이트는 살로메와 함께 이 주제에 대해 오랫동안 토론했다. 그는 나르시시스트를 모든 개인의 원동력인 리비도가 발전해가는 초기 단계로 규정한다. 프로이트에 따르면 어떤 아이든 나르시시스트 단계를 거친다. 그리고 이 단계를 통해 어린이는 자신의 성격과 성 정체성을 확립하고 자율성과 자신에 대한 확신을 발전시킨다. 그리고 이 단계를 넘어서면 외부에 있는 사랑의 대상으로 눈을 돌린다는 것이다.

정신분석학자들은 프로이트의 이론에 따라 극심한 고통 속에 있는 사람들, 특히 중독 문제로 괴로워하거나 실패, 좌절, 절망 속에서 살아가는 사람들을 위한 치료 도구로 나르시시즘을 사용한다. 한 정신분석학자는 이를 통해 환자가 스스로 실패의 경험에서 벗어나게 되고, 자신 안에 숨어 있던 긍정적인 모습을 발견하게 되었다고 한다.

나르시시즘에는 치유하는 힘이 있다. 소크라테스와 예수는 그 사실을 분명히 알고 전했으나 우리는 진실을 은폐하고 그들이 말한 메시지의 본질을 뒤틀어버렸다. 내가 나를 사랑하면 그만큼 다른 사람을 사랑할 수 없다고 본 것이다. 마치 나눌수록 줄어드는 케이크처럼 말이다. 정말 어리석은 생각 아닌가?

스스로를 괴롭히는 건
범죄다

"우리를 우리가 아닌 존재로 만들려는 세상에서
우리 자신이 되는 것이야말로 가장 위대한 성취다."
—랠프 월도 에머슨

성인이 갓 되었을 무렵, 나는 나 자신을 사랑하는 방법을 배우기 시작했다. 나는 자신을 사랑하기 위해서는 스스로에게 너그러워야 한다고 믿었다. 어려운 일이라고 생각하지 않았다. 예를 들어, '난 멋지다'라든가 '난 똑똑하다'라는 말을 가끔씩 되뇌기만 해도 충분할 것 같았다. 평소보다 조금 더 많이 쉬거나, 긴장을 해소하기 위해 영화 한 편을 보는 것만으로도 나를 충분히 사랑하는 거라고 생각했다.

웰빙에도 관심을 가졌다. 웰빙은 스파를 즐기거나, 일상을 탈출하여 여유로운 시간을 즐기는 태도나 행동을 말한다. 나는 열심히 일한 뒤 보상처럼 웰빙을 즐기고 다시 똑같은 일상으로 돌아가곤 했다.

그러나 이 방법은 잘 먹히지 않았다. 나는 여전히 내가 멋지다거나 똑똑하다고 생각할 수 없었다. 나를 사랑하기 위해 갖은 방법을 써봤지만 나는 나 자신을 정말로 사랑하는 것 같지 않았다. 여전히 지뢰밭을 걸었고 스스로를 괴롭히며 경멸했다. 머리로는 나 자신을 사랑하라는 말이 어떤 의미인지 잘 안다고 생각했지만 아니었다.

그 의미를 깨달은 것은 한참 후의 일이다. 어느 날 우산도 없이 빗속을 달려가면서 자책하던 중이었다. 일기예보에서 천둥 번개를 동반한 소나기가 쏟아진다고 했는데 우산을 갖고 나오지 않은 것이다. 흠뻑 젖어서 사무실에 도착한 후에는 짜증이 좀 줄어들었다.

그날 나는 재미 삼아 하루 종일 몇 번이나 나 자신을 자책하며 괴롭혔는지 세어보았다. 그러고는 내가 스스로에게 얼마나 까다로운 사람인지 깨달았다. 나는 하루에도 몇 번씩 나를 비난하고 있었다. 반드시 비난받아야 한다고 우기는 것만 같았다.

타인에겐 관대하고 나에게 엄격한 사람

⟡

나는 나 자신을 어떻게 다루고 있었을까? 나는 무엇이든 내가 실수하는 것을 용납하지 않았다.

컴퓨터 전원을 끄기 전에 저장하는 걸 잊어버려서 작업물이 날아가면, 내가 못난 사람이자 무능력자로 느껴졌다. 그래서 사무실 동료에게 미안하다는 말부터 꺼내며 사라진 작업을 복구할 방법이 있는지 물었다. 저녁거리로 샐러드용 채소를 사는 걸 잊어버리면, 나를 자책하면서 바보 같은 놈이라고 한참 중얼거렸다. 만일 내 파트너가 이런 실수를 저질렀다면 아마 나는 별일 아니라고 하면서 냉장고에 토마토가 있으니 괜찮다고 말했을 것이다. 힘든 하루를 보내고 온 날에도, 게으른 사람이 되지 않기 위해 나를 몰아세우며 세탁기를 돌리거나 방을 치웠다.

한 걸음 물러서서 나를 바라보았다. 나는 '사랑해'라고 습관처럼 말하면서도 잔소리를 끊임없이 쏟아내는 부부처럼 나를 대하고 있었다. 우유가 떨어졌어(당신 탓이야). 아이들이 너무 예의가 없어(당신이 가정교육을 제대로 하지 않아서 그래). 친구들 다 모이는 자리였는데 옷이 그게 뭐야(당신 때문에 얼마나 창피했는지 알아?).

나는 법정에 선 검사였다. 피고인의 잘못을 공개적으로 발표하고 스스로를 혹독하게 비판하도록 강압하면서 정상참작은 조금도 하지 않는 냉혈한이었다. 모든 잘못, 심지어는 저지르지 않은 잘못까지도 모두 중죄로 취급했다. 나를 움직이게 하는 유일한 방법은 발로 걷어차거나 채찍질하는 거라고 생각하며 스스로를 억압했다. 물론 이런다고 해서 나아지는 것은 전혀 없었다.

오늘날 교육자들은 겁박과 모욕이 긍정적인 효과를 거두지 못한다는 사실을 알고 있다. 이런 상황에 처한 어린이는 발전하지 못한다. 잘못임을 알면서도 오히려 똑같은 실수를 반복할 뿐이다. 스스로를 억압하고 해치는 상황이 계속되면 정서적 문제뿐만 아니라 인지력에도 문제가 생길 수 있다. 상처를 입고 열등감에 빠진 개인은 어떤 일을 해내도 성취감보다 당혹감을 느낀다.

매일 스스로를 고발하는 사람들

⟷

우리는 스스로를 고발하는 엄격한 검사이다. 우리는 모두 실수를 저지른다. 하지만 그 실수 때문에 자신을 거칠게 공격해야 할까? 똑같은 상황에서 제3자에게는 대놓고 말하지도 못하면서 말이다. 실수를 반성하고 사과하고 힘이 닿는 한 만회하는 노력은 필요하다. 그렇다고 해서 그 일을 계속 떠올리고 자책하면서 내가 쓸모없고 무가치한 인간이라고 여겨서는 안 된다.

이런 행동은 앞으로 나아가는 데 방해가 될 뿐 아니라 스스로를 피폐하게 만든다. 우리가 한 일을 후회하는 걸 넘어 자신의 존재에 회의를 품기 때문이다. 그러면서 자신의 장점을 보지 못하고 단점은 숨기기 급급하다.

이성과 만나려고 미팅 사이트에 종종 들어가는 친구가 말하기로, 대화 상대자인 여성들은 하나같이 자기가 상대방의 기대에 미치지 못하는 사람임을 밝히며 대화를 시작한다고 한다. 그들은 45세나 50세에 혼자가 되었다고 말하며, 그건 실패한 인생임을 단적으로 상징한다고 생각한다. 자신을 낙오자라고 확신하며 마음 깊숙이 자신의 존재 자체를 미워하는 태도를 보였다. 그들 눈에 자신은 예쁘지도, 날씬하지도, 똑똑하지도 않은 사람이었다.

또한 이들은 외로움에서 벗어나려고 이런 사이트에 가입한 것조차 후회했다. 인생에 확신을 갖고 살았더라면 더 좋았을 것이라고 생각하면서 말이다. 그들은 자신이 사랑스럽지 않은 사람이며 사랑받을 자격이 없다고 생각했다. 그러고는 그런 자신이 혼자가 되었다는 걸 당연한 일처럼 받아들였다. 인터넷을 통해 대화 상대를 찾는 것 자체가 그들에게는 실패를 고백하는 것이나 다름없었다. 하지만 이들은 친구가 같은 상황에 처해도 이렇게 생각할까?

스스로를 너무 엄격하게 대하면 부당한 결과만 가져온다. 가혹한 검사처럼 우리는 자기 자신을 실제보다 훨씬 더 많은 실수를 저지르는 부족한 존재로 고발하며 질책한다. 그러다 보면 자신을 비난하지 않으려 어린아이처럼 "그건 내 잘못이 아니라, 네 탓이야"라며 책임을 전가하는 경우도 생긴다.

자신을 깎아내리고 함부로 대하면 다른 사람들이 나를 그렇게 대해도 그냥 수긍해버린다. 자신이 쓸모없고 무능하며 좋은 삶을 누릴 자격이 없다고 여기는 사람이 많다. 사랑하고 사랑받기를 포기하며 행복은 내 것이 아니라고 생각하는 이는 또 얼마나 많은가?

우리는 배우자가 없는 것도, 실업자인 것도 자신이 능력이 없으니 당연하다고 생각한다. 우리는 의식하지도 못한 채 습관처럼 스스로를 괴롭히며 쳇바퀴 돌듯 살아간다. 더구나 다른 이들도 우리를 이렇게 몰아간다.

도대체 얼마나 더 노력해야 하지?

⟨⊹⟩

한 친구는 회사에서 매년 목표치를 받으며 일했다. 그리고 목표치는 해마다 높아졌다. 쉽지 않았지만 친구는 항상 목표에 걸맞은 성과를 냈고 성취의 기쁨을 맛보았다. 그러나 몇 년 후, 회사에서는 더 이상 목표를 설정해주지 않았다. 달성해야 할 성과에 대한 제한선이 사라진 것이다. 그때부터 더 많은 성과를 내기 위해 끊임없이 자기 자신을 닦달하기 시작했다. 어느 선까지만 하면 된다는 기준이 없어진 만큼 친구는 이미 달성한 업무에도 만족할 수 없게 되었다.

우리는 늘 항상 더 많이 해내야 한다고 생각하는 경향이 있다. 내 친구 또한 이런 생각에 사로잡혀서 쏟아지는 모든 요청에 답하기에 이르렀다. 급한 일들에 우선순위를 매겨서 처리하길 포기하고 잠자기 직전까지 메일과 휴대폰을 살펴보며 무턱대고 일만 했다. 평일뿐만 아니라 주말이나 휴가 때도 손에서 일을 떼지 않았다.

가끔은 포기할 때도 있었다. 그러면 하찮은 사람이 된 것만 같아 두려웠다. 사실 마음 깊숙한 곳에서 친구는 자신을 보잘것없는 사람이라 여겼다. 그런 만큼 자신에게도 무언가 능력이 있음을 스스로에게 늘 입증해야 한다고 생각했다. 친구는 전혀 열등하지 않았지만 스스로 그렇다고 믿었기에 언제나 자신에게 채찍질을 했다.

주변에서 흔히 볼 수 있는 모습이다. 우리는 끊임없이 자신과 전쟁을 벌이며 스스로를 쥐어짠다. 달려가던 속도를 늦추기라도 하면 죄책감을 느낀다. 나가떨어질 때까지 더 잘해낼 수 있고, 더 많이 희생할 수 있다고 믿는다.

뛰어난 성과를 거두는 사람들은 일을 과도하게 하는 경우가 많다. 스스로를 극한까지 몰아붙여 자신을 소진하는 것이다. 이들은 최상의 결과를 내기 원하며, 모든 기대에 부응하기 원한다. 특히 자기 자신의 기대에 닿는 것이 가장 중요하다. 그리고 이를 위해 스스로를 아낌없이 내던진다.

우리는 자신을 착취하면서도, 만족할 만큼 일을 잘하지 못하며, 무언가에 새로 도전하기에는 자신의 능력이 부족하다고 생각한다. 외부의 압력은 우리가 스스로에게 부과하는 압력과 맞부딪친다. 우리가 도달하는 결과가 어떻든 우리는 이만하면 됐다는 생각은 하지 못한다.

내가 가장 사랑하는 사람을 사랑하듯이

✛

내 친구는 등이 아파서 병원에 갔다가 의사 덕분에 병이 있다는 걸 알게 되었다. 의사는 친구의 병을 '번 아웃 증후군'이라고 진단했다. 친구는 이 상태에서 벗어나는 데 몇 달이 걸렸다. 그러면서 자신이 일하는 기계가 아님을 깨달았다.

수면 전문가는 그에게 잠드는 법을 다시 가르쳤다. 그는 밤에도 늘 각성 상태에 있어서 제대로 자본 적이 없었기 때문이다. 그리고 나는 그가 자신을 사랑할 수 있도록 도왔다. 그에게 스스로 만족하는 법을 가르치며 그게 당연하다고 말하자 그는 어색해하며 두려워했다.

첫 작업은 그가 자신도 모르게 은밀하게 인생에 두었던 장애물들을 제거하는 일이었다. 그 장애물들은 일상에서 자신을 부당하게 대하고 자신을 깎아내리는 수많은 방식과 태도들이었다. 무엇보다 그가 이 사실을 인식하도록 하는 게 우선이었다.

그렇게 그는 자신을 들여다보고 듣는 법을 배웠다. 그리고 나르시시스트가 되었으며 자신의 장점을 발견해갔다. 다른 이들은 알고 있었으나 정작 자신은 보지 못했고 인식하기를 거부했던 자질들이었다. 그는 자신이 그렇게 보잘것없는 사람이 아님을 인정했고 스스로를 신뢰하면서 자녀를 사랑하듯 자신을 사랑하기 시작했다.

몇 주 후, 그는 다시 일을 시작했다. 자신에 대해 여전히 까다로웠지만 끊임없이 스스로를 질책하는 건 멈췄다. 일의 양은 같았지만 더 잘하게 되었다. 즉, 일하는 시간이 줄어든 것이다. 때때로 실수를 저질러도 변명하지 않았다. 물론 모른 척하지도 않았다.

스스로에게 애정을 가지면 나에 대한 사랑을 멈추지 않고도 내 잘못을 인정할 수 있다. 내가 저지른 잘못은 나라는 존재와 맞지 않다. 그래서 나는 내가 무능한 존재라는 사실을 사과하는 것이 아니라, 나라는 사람과 어울리지 않게 행동한 것을 사과해야 하는 것이다. 스스로에 대한 존중이 부족할 때, 나는 다른 사람들에게 하듯 나 자신에게도 사과해야만 한다.

친구는 습관적으로 자신만의 본모습과 천재성을 가로막았던 행동들에서 빠져나왔다. 그러면서 실제 삶에서 존재하지 않는 이상적인 이미지를 좇아 달리던 일을 그만두고, 최상을 원하는 스스로의 욕망과 요구를 버리지 않으면서도 자기 자신의 모습을 찾을 수 있도록 의식적으로 노력했다. 최근에 친구는 날마다 잘난 척하는 데 성공했다며 농담 삼아 웃으며 말했다.

전문가들은 흔히 우리 시대의 특징이 자신을 최고로 알고 자신의 행복만을 우선하는 개인주의와 나르시시즘의 득세라고 주장한다. 그러나 나는 그들의 말에 동의하지 않는다.

나는 자신을 최고라고 생각하는 사람들을 보지 못했다. 내 친구와 비슷한 사람들만 볼 뿐이다. 불행이라는 소용돌이 속에서 고통스러워하면서도 자신의 고통을 약점으로 여겨 감히 털어놓지 못하는 자들 말이다.

또한 자기 자신을 희생하며 사는 순교자들만 주위에 가득하다. 이들은 내면의 소리를 듣지 못하며, 자신과의 관계 속으로 들어가지 못하며, 자신을 사랑하지 못한다. '아니요'라고 감히 말할 수 없는 사람들이다. 우리가 사랑하는 것들, 이를테면 애인, 아들, 딸, 반려동물 혹은 일…. 그것을 사랑하듯 나 자신을 대하라. 그거면 된다.

이러지 마, 나 좋은 사람 아니야

에고라는 단어의 함정

"우리는 자신이 독특한 존재라는 걸
확신하지 못한다. 그게 바로 우리의 가장 큰 문제이다."
—쵸걈 트룽파

명상을 시작한 지 벌써 30년이 되었다. 20년 전부터 명상을 가르쳤고, 10년 전에는 서양명상센터를 세워 우리를 짓누르는 것들을 털어버리고 간단하게 일상에서 할 수 있는 명상법을 전수했다.

명상에서는 '자아를 죽여야 한다'는 생각이 상식처럼 퍼져 있는데 솔직히 그런 얘기를 들을 때마다 우려스럽다. 자아를 빈 주머니처럼 여기고 그 안에 아무거나 넣을 수 있다고 생각하는 것 같아서이다. 우리가 지닌 두려움, 불안, 잘못, 걱정거리 등 뭐든 말이다.

수많은 명상 입문자들이 이렇게 생각한다. 나한테 문제가 있다면 자아 때문이라고. 동료와 다투고, 너무 심한 농담에 기분이 상하고, 공정한 대우를 받지 못해 억울하고, 영화관에 갈 수 없기 때문에 화가 났다면 모두 다 내 잘못이라고. 그러므로 평안한 마음으로 살려면 내 존재 자체를 죄스럽게 만들고, 내 행위의 죄책감을 덜어주기도 하는 사악한 덩어리를 죽여야 한다고. 그리고 수많은 가짜 스승들이 함께 이런 생각을 부추긴다. 당신 자아에 문제가 있는 거라고. 수많은 책들이 다양한 논리를 내세우며 설명한다. 자아를 길들이면 행복의 길로 편안히 들어설 수 있다고.

중세에는 여기저기에서 악마를 보았다. 분노와 질병과 어리석은 행동과 다툼은 모두 악마 때문이었다. 요즘 세상에서는 악마 이야기를 하면 비웃음을 당한다. 그러나 우리는 자신의 책임을 가볍게 떠넘기는 새로운 악마 주머니를 가지고 있다. 내면에 웅크리고 있는 자아를 죽이지 못하면 악마처럼 금방이라도 뛰쳐나와 우리를 휘어잡을 거라고 상상한다. 자아라는 개념은 예전에 악마가 조상들을 현혹했듯이 우리를 현혹한다.

모든 문제는 자아에 있다고?

✛

5세기 초, '비천한 나'와의 싸움으로 유명해진 성 아우구스티누스의 책을 읽으면 몹시 씁쓸하다. '인간은 살과 피로 이루어진 오만한 부패 덩어리에 지나지 않는다'는 아우구스티누스의 금언은 서양 역사를 통해 잔인하게 되풀이되었다.

15세기, 서구 신앙에 있어서 주요 서적으로 꼽히는 『그리스도를 본받아』는 '자신을 잘 아는 자는 자신을 멸시한다'라는 생각을 명확히 보여준다. 홉스에서 볼테르에 이르기까지 계몽주의자 대부분은 신학과 철학의 입장에서 이런 생각에 정당성을 부여하며 이 길을 옹호한다.

인간이 근본적으로 악하고 비열한 존재라는 사상은 불평등을 합법화한 '전제군주제'를 정당화하는 것이다. 여기에 반기를 드는 목소리들은 조롱거리가 되었다. 1753년 디종아카데미가 '왜 인간은 불평등한가?'라는 주제로 논문 현상 공모를 열었을 때, 루소는 이에 대한 논문을 쓰면서 자기 자신으로 태어났다. 루소는 이 논문에서 인간 불평등의 기원이 소유권 인정이라고 주장하면서 소유권과 불평등을 영구히 고착시키는 사회 제도와 법의 확립, 전제적 권력에 따라 불평등이 더욱 심화된다고 보았다. 그의 논문은 1755년 『인간 불평등 기원론』으로 출간된다.─옮긴이

동시대 지식인들은 '인간의 원죄 때문'이라는 답이 이 질문

에 유일하게 허락된 정답이라고 보았다. 그러나 루소는 전제 군주제를 비판하는 급진적인 대답을 내놓았고, 논문을 발표한 후 뭇매를 맞았다. 그러나 그는 아랑곳하지 않고 저술가와 교육자의 역할에 만족한 채 당시 사회의 주류 철학자로 알려지는 길을 포기한다.

'자아'라는 단어는 사실 텍스트 속에서만 존재할 뿐이다. 그런데도 우리는 이 단어를 모든 상황에 써먹기 위해 의미를 바꿔버렸다.

불교에서는 자아를 다섯 가지 집합체인 오온(伍蘊)으로 이루어진 구성물이라고 본다. 오온은 '색'(色), '수'(受), '상'(想), '행'(行), '식'(識)을 말한다. 다시 말하면, 형태, 감각, 지각, 의지, 인식 작용에 의해 자아가 성립된다. 불교 사상에 따르면 자아는 오온이 임시로 모여 구성된 것이다. 또한 변하지 않는 실체는 존재하지 않으며 결국에는 소멸되어야 한다고 말한다. 왜냐하면 나는 늘 다르고 끊임없이 변화하고 움직이며 붙잡을 수 없는 존재이기 때문이다.

자아는 현실에 속해 있지 않다. 자아를 모든 불행의 원천으로 여기고, 완벽해지기 위해 듣도 보도 못한 고행을 통해 자아를 없애겠다는 생각은 기괴하기까지 하다.

이러지 마, 나 좋은 사람 아니야

자아라는 말 대신 구체적으로

✛

아주 오래전에 나 역시 자아를 모든 핑곗거리로 삼았다. 나는 내 결점, 비열함, 이기적인 마음, 상처가 자아 때문이라고 생각했고, 자아를 극복하면 나쁜 단점들이 모두 사라질 거라고 믿었다. 자아라는 괴물을 길들일 수 없어서 죄책감을 느꼈다. 자아를 뛰어넘어 완벽한 성인군자가 될 수 없다는 사실에 절망하기도 했다. 자아는 내가 가진 문제점들의 강력한 배후이자, 날 증오하게 만드는 일차적인 원인이었다.

나는 이 함정에서 점차 자유로워졌다. 그리 복잡하지 않은 마음 수련을 통해서였다. 가장 먼저 한 일은 구체적인 단어들을 사용한 것이었다.

'자아'라는 단어는 무엇을 의미하는지 전혀 모를 정도로 모호하고 파악하기도 어렵다. 그래서 이 단어보다는 좀 더 단순하고 '정상적인' 단어, 현실과 더 가까운 단어들을 사용했다. 너무 덩치가 큰 개념인 '자아' 대신 이기주의, 자만심, 질투, 예민함, 잘못 같은 단어를 썼다. '상처받은 자아'라는 말은 고통과 슬픔이란 말로 대치했다. 자아라는 개념에는 고정되어 변하지 않는 나 또는 타인의 이미지를 싸잡아서 비난하는 의미가 들어 있기 때문이다.

즉, 자아는 나라는 실체와 타인의 실체에 접근하지 못하도록 하는 환영이자, 나에게 철썩 달라붙어 있는 기만이다. 이 단어를 넘어서기 위해 나는 암묵적으로 배웠던 잘못된 개념들과 맞서 싸웠다.

객관적으로 바라보자. 나는 화만 내는 존재가 아니고 질투하거나 예민하기만 한 존재도 아니다. 단지 상황에 따라 화를 내거나 질투하거나 예민하게 반응할 수 있는 것이다. 내 약점들을 구체적으로 말하면 그 실체를 파악하고 명확히 밝힐 수 있다. 우리가 자아라고 이름 붙인 괴물 덩어리에 매달리지 않고, 나를 이 덩어리와 구분하고 내가 지닌 약점을 하나하나 들여다본 후에야, 나는 내 안에 성공을 위한 열쇠가 있음을 깨달았다.

나는 내 분노나 질투를 없애지 않는다. 나는 내 약점들을 인식하여 이름을 붙이고 관찰한다. 실제로 내 약점을 이런 식으로 대하자마자 마음은 즉시 안정을 찾았다. 약점을 찾아보는 건 훨씬 더 효과적이었다. 나르시스처럼 나를 들여다보니, 자아라는 말이 나를 상처 주고 경솔하게 반응하도록 이끈 이유를 깨닫게 되었다.

이름을 붙여야 선명해지는 의미

✥

우리가 쓰는 단어는 우리를 오염시킨다. 사실 우리는 공허한 개념들을 너무 많이 사용한다. 예를 들어 자아니, 자아 존중이니, 내려놓기 같은 단어들을 만들어놓고 여기에 너무 많은 신경을 쏟는다. 결국은 우리가 판 함정에 스스로 빠지는 셈이다. 또한 이런 단어는 지적으로나 정서적으로 나태한 모습을 띠고 있어서 우리가 앞으로 나아가는 것을 방해한다.

내가 버려야 할 것들은 무엇일까? 일단 버려야 할 대상에 이름을 붙이자. 급한 성격, 일중독, 집중하느라 다른 사람을 신경 쓰지 않는 성향 같은 것이 될 수도 있다. 내 약점을 똑바로 보고 나름대로 이름을 붙일 때 비로소 하나하나 고쳐갈 수 있다.

그러면 존중해야 하는 자아는 무엇일까? 너그러움, 도우려는 마음, 객관적으로 판단하려는 성향이 여기에 들어갈 수 있다. 이렇게 명명함으로써 내 안에 있는 좋은 성향을 높이 평가할 수 있고 나를 사랑하는 일도 훨씬 수월해진다.

미국 심리학자들은 어린이들을 두 그룹으로 나누어 개념적인 단어가 얼마나 무의미한지를 실험했다. 모두가 답을 맞힌 간단한 테스트 후에, 첫 번째 그룹 아이들에게는 "넌 정말 똑

똑해!"라고 말해주었고, 두 번째 그룹 아이들에게는 "공부를
정말 열심히 했구나. 덕분에 테스트에 합격했어!"라고 말해주
었다.

그리고 그 다음에는 더 어려운 테스트에 참여하도록 했다.
첫 번째 그룹 아이들은 두려워했고, 자신이 똑똑하다고 느끼
지 못했다. 막연한 개념인 '똑똑하다'는 칭찬을 들었기 때문에
자신에 대한 기대가 부담스러워 용기를 잃은 것이다.

하지만 두 번째 그룹 아이들은 끈기 있게 노력했다. 이들에
게는 추상적인 칭찬이 아니라 '정말 열심히 공부했다'는 구체
적인 말을 사용해 칭찬했기 때문이다. 그리고 이들은 테스트
에 통과했다.

나를 진짜 성장시키는 것들

⊹

사람은 단숨에 훌륭해지지 않는다. 하지만 내 안에 멋진 가능
성이 있다는 걸 알기에 그 가능성을 붙잡고 산에 올라가 나만
의 아름다움을 볼 것이다. 나를 화나게 만드는 자아는 내가 아
니다. 다만 화가 나는 상황들이 있을 뿐이다. 그게 어떤 상황
인지 내가 왜 화를 내는지 살펴보면서 그 이유를 이해하고 내

성격을 극복하도록 노력할 것이다.

나는 나를 전적으로 사랑하지 않는다. 내가 전적으로 훌륭하지 않다는 사실도 안다. 그러나 나는 내게서 장점들을 찾아냈다. 나의 천재성을 발견했고 행복과 나에 대한 확신에 이르렀으며 앞에 펼쳐진 인생의 길을 향해 힘차게 발을 내디딜 수 있다.

나는 괜찮은 사람이다. 막연한 개념에 불과한 말에 책임을 전가하는 일은 그만두자. 내 자아는 나를 조종하지 않으며 나를 매개체로 삼아 활동하지 않는다. 자아는 존재하지 않는다.

나를 바라보고, 나를 인식하고, 나를 사랑하고, 나를 발견하고, 나를 신뢰하는 것이 내면에서 찾는 평안과 행복의 걸림돌이 될 수 없다. 그 반대이다!

할머니는 자전거를 잘 타려면 시간과 노력이 필요하다는 걸 알고 있기에 나에게 처음 자전거 타는 법을 알려줄 때 인내심을 갖고 기다려주었다. 나르시시즘은 이런 마음을 스스로 갖는 것이다. 자전거를 배우던 날, 어떤 어른들은 나를 야단치며 다그쳤다. 그들의 질책은 전혀 도움이 되지 않았다. 오히려 나는 무서워 얼어붙기만 했다. 그때 멀리서 할머니의 음성이 들렸다.

"가라! 갈 수 있어!"

나는 페달을 다시 밟았고 자전거 타기에 성공했다.

아리스토텔레스는 사랑이라는 감정이 갖고 있는 가장 큰 특징을 이렇게 요약했다. "나에게 너는 소중하다"라고. 평화롭게 사는 것은 정말 간단하지 않은가.

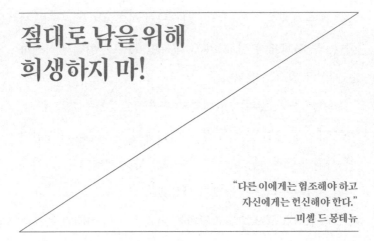

절대로 남을 위해
희생하지 마!

"다른 이에게는 협조해야 하고
자신에게는 헌신해야 한다."
—미셸 드 몽테뉴

공동체의 이익을 위해 개인이 희생해야 한다는 주장 아래 두 개의 강력한 정치체제가 만들어졌다. 바로 스탈린주의와 나치즘이다. 두 체제는 역사상 가장 많은 사람을 죽음으로 이끌었다. 그리고 여전히 현대 독재 국가들에서도 이들의 그림자가 어른거린다. 개인이 생각하거나 느끼는 것은 가치가 없을 뿐더러 공동체에 해롭다는 것이다. 그러면서 공동체는 개인의 자아보다 훨씬 크다고 여긴다.

민주주의라고 일컫는 우리 사회에서도 정치, 경제, 도덕이 강조하는 요지는 스탈린이나 히틀러와 마찬가지로 공동의 선이다. 즉, 사회체제, 단체, 가족, 회사 등 다수를 위해서 희생하는 개인을 원하는 것이다.

19세기 중반, 프랑스 사회학자 오귀스트 콩트는 '이타주의'라는 개념을 정립했다. 이 말은 '이기주의'와 반대되는 개념이며, 사회가 긍정하는 모든 도덕을 요약하는 개념이다. 그 이후 이타주의는 우리를 짓누르기 시작했다.

이타주의가 필요하다고 말하는 이들은 우리 사회가 여전히 이기적이며, 개인주의 성향이 팽배하다고 주장한다. 우리는 이 말을 그대로 수긍하며 마음에 새겼다. 그 결과 우리는 두 가지 실수를 저지르게 되었다. 하나는 이 주장이 잘못됐다는 사실을 알아차리지 못한다는 점이고, 또 하나는 공동체를 위해 자신을 희생하라는 끝없는 요구가 더욱더 비인간적인 사회를 만든다는 사실을 깨닫지 못한다는 점이다.

공동체주의와 개인의 의무에 호소하면서 이타주의 개념을 강조하는 건 진정한 정치와 윤리가 성립될 가능성을 파괴하는 결과만 낳을 뿐이다. 자신의 자유를 의식하는 자유로운 개인들이 바탕이 되어야만 한층 성숙한 사회가 될 수 있기 때문이다.

이러지 마, 나 좋은 사람 아니야

나르시시즘 없이 민주주의도 없다

✛

명상을 가르치다 보면 내 강의에 대해 비난하고 화내는 사람들을 만난다. 이타주의라는 '종교'에 빠진 그들은 나르시시스트가 되고, 내면의 목소리를 듣고, 자기 자신과 평화를 맺고, 스스로를 돌보라는 말에 분노한다.

그들은 내가 무기력하고 나태하며 자기중심적인 사고에 대해 말한다고 생각하고는, 그런 가치들보다 노동과 이타주의, 헌신이 중요하다는 반론을 제기한다. 의학자가 시간을 들여 인간의 몸을 연구할 때, 곧바로 결론을 내지 못한다 해도 비난하는 사람은 없다. 연구실에서 홀로 긴 시간을 보내며 직관에 따라 추론을 거듭하는 연구자를 한심하다고 생각하는 사람도 없다.

하지만 나르시시스트가 되어야 하는 이유는 이해하지 않는다. 굳건한 민주적인 공동체를 이루기 위해 자기 자신에 대해 먼저 사유해야 한다는 사실을 깨닫지 못한다. '나'는 공동체의 엄연한 일원으로서 자기 생각을 표현할 의무가 있다는 사실도 말이다.

나르시시즘 없이는 민주주의도 없다. 나르시시즘이 없는 시민들은 스스로 생각하고, 진정한 시민으로 행동하는 게 불가능하기 때문이다. 그들은 물론 노동 시장에서 효율적이고 성실한 월급쟁이일 수 있다. 그러나 자신뿐 아니라 다른 사람이 세상에 왜 필요한지 실제로 느끼지 못한다. 유니폼을 입고 똑같은 일을 하면서, 자신만이 가지고 있는 재능을 깨닫지 못한다. 나르시시즘을 통해 개인은 스스로 생각하고, 정의롭지 않은 일을 거부하고, 깨어 있는 의식으로 참여하는 법을 배울 수 있다.

집단주의에는 커다란 오류가 있으며 그와 짝을 이루는 개인주의만큼 폐쇄적이며 무책임하다. 개인주의는 자신을 자신의 이미지와 동일시하고, 모델인 나, 회사 임원인 나, 부자인 나와 같은 표면적인 이미지를 굳히려는 노력만 한다.

집단주의나 개인주의에서 인간다움을 기내하기는 어렵다. 인간다움이란 타인과 만날 때 찾을 수 있기 때문이다. 또한 그보다 먼저 내면의 목소리를 듣는 시간을 가지고, 나를 만날 수 있을 때 다른 이와도 진정한 관계를 맺을 수 있다. 모리스 베넹의 노래에는 이런 가사가 있다.

> 자신을 조금쯤 사랑한다면,
> 비로소 다른 이도 조금쯤 사랑할 수 있겠지

우리는 개인주의와 이타주의 중에서 하나의 가치관을 선택해야 한다고 생각한다. 그래서 혼란스럽다. 스스로를 꽉 닫아 잠그고 왕 같은 존재나 이기주의자로 살아갈지, 개인보다 상위에 있는 '우리'라는 공동체를 위해 자신을 희생할지 결정하려 한다. 개인과 집단을 놓고 갈등하는 것이다. 그러나 이런 이분법은 옳지 않다.

서로에게 부담만 주는 희생은 금물

✛

희생하지 말아야 한다. 오히려 당신에게 필요한 것, 당신이 원하는 것, 당신에게 중요한 것이 무엇인지 자신의 목소리를 듣는 편이 낫다. 다른 이들과 좋은 관계를 맺고 싶다면 우선 자신과 화해해야 한다.

희생하지 말아야 한다. 대신 의식을 갖고 행동하라. 앞으로도 당신은 동료를 돕기 위해 사무실에 더 오래 남아 일할 것이고, 딸이 갑자기 열이 나 영화관에 가려던 마음을 접을 것이며, 별로 내키지 않아도 아픈 친척에게 문병을 갈 것이다. 그러나 희생해야 할 것 같은 순간이 찾아와도 무조건 희생하지 마라. 이런 일들이 자신에게 어떤 의미인지 먼저 의식해야 한다.

희생에 대한 생각은 매우 이상한 도덕 관념과 연결되어 있다. 개인적인 즐거움을 조금이라도 느끼지 못하고 단지 의무감으로만 행동해야 도덕적 행위이자 진정한 희생이라고 보는 것이다. 기독교 정신과 칸트 사상이 강조한 순수한 헌신은 이해관계와 전혀 상관없는 행동을 말한다. 우리는 그 사상에 깊이 빠져 즐겁지 않은 희생을 미덕으로 여긴다. 어리석은 생각이다.

다른 사람이 고통스러워하면 당신도 함께 고통을 느껴야할 것 같다. 안 그러면 왠지 죄책감이 든다. 당신은 그의 고통에 아무런 책임이 없는데도 말이다. 배우자가 다리를 다쳐 꼼짝도 못 할 때, 당신만 저녁 모임에 나가 친구와 재미있게 놀다 오면 미안하고 죄책감을 느낀다. 하지만 그런 의무감이 바로 함정이다.

저녁 모임에 못 간 걸 아쉬워하면서도 의무감 때문에 집에 머무른다면 배우자에게 도움이 될까? 나중에는 요가 수업도 빠지고, 중요한 회식에도 가지 못해 속으로 배우자를 원망하게 된다면?

희생한다고 생각하지 않고 좋은 마음으로 함께 있어주지 않는 한, 자발적으로 온 마음을 다해 돕지 않는 한, 내가 곁에 머무르는 게 정말 필요할까? 이런 희생은 나를 갉아먹을 뿐 아니라 상대방도 그런 일이 있을 때 나를 위해 희생해야 한다는 생각을 갖게 한다.

동정하지 말고 존중하라

⟡

훨씬 더 즐겁고 유익하게 다른 사람을 돕는 방법이 있다. 자신의 목소리를 듣고, 이 일로 내가 행복해진다는 걸 알고, 나를 실현하는 기회로 삼는 것이다. 누군가를 도우며 오히려 큰 행복과 기쁨을 느끼는 자원봉사자들을 떠올려보자. 과연 그들은 자신이 희생하고 있다고 생각할까?

'동정'이란 말에는 다른 사람을 위해 희생한다는 의미가 들어 있다. 동정의 본질은 함께 고통을 겪는 것이라고 여기기 때문이다. 나 역시 다른 사람 입장에서 같은 마음을 갖는 것이 동정이라고 오랫동안 믿었다. 그런데 아니었다. 동정의 핵심은 나와 완전히 다른 사람에게 '마음을 여는 것'이다.

티베트어로 '동정'은 '체와(tse-wa)'라고 한다. 이 단어는 자신을 대하는 방식을 다른 사람에게로 확장하는 정신을 의미한다. 이 사실을 알고 난 후, 마음이 무척 가벼워졌다.

달라이 라마는 동정에 대해 이렇게 말한다.

극단적인 동정은 스스로에 대한 관심이 최고로 발현된 상태와 다르지 않다. 그런 이유로 자기 자신을 미워하는 사람은 주변 사람들에게 진정한 공감을 보이는 데 어려움을 겪는다. 그들은 동정에 관한 한 닻을 내리는 지점, 즉 출발 지점이 없다.

히브리어로 '주다'에 해당하는 단어는 '나탄(natna)'이다. 이 단어는 왼쪽에서도 오른쪽에서도 읽을 수 있다. 나는 이 단어를 보면서도 깨달음을 얻었다. 주면 되돌려 받고, 받으면 되돌려준다는 것을 암시하고 있지 않은가! 큰 위로가 되는 깨달음이다. 이는 긍정심리학에서 이기주의와 이타주의의 치유제로 제시한 '자기 충만(self fulness)'인 셈이다.

살다 보면 고통을 겪는 가족이나 사랑하는 사람을 위해 희생하는 때가 있다. 이때 자신이 희생하고 있다는 생각을 하면 죽을 만큼 고통스럽다. 그의 곁에 늘 있기 위해 묵묵히 참고 지내며, 희생하면서도 때로 더 희생하지 못하는 나를 자책한다. 지옥의 악순환 속에서 마음은 썩어간다.

이러지 마, 나 좋은 사람 아니야

죄책감의 악순환에서 벗어나는 법

⊹

최면 치료의 대가 프랑수아 루스탕은 "당신의 껍데기에서 벗어나라!"고 말한다. 처음 그 말을 들었을 때 뒤통수를 얻어맞은 것만 같았다. 그리고 이전까지 내가 스스로에게 얼마나 폭력적이었는지 깨달았다. 그때까지만 해도 나는 올바르게 살아가는 데 하등 도움이 되지 않는 희생의 굴레에 갇혀 있었다. 병적으로 희생하는 면이 있었는데도 잘하고 있다고만 생각했다.

사랑하는 사람이 아팠던 적이 있다. 그가 고통스러워하므로 함께 고통을 겪는 것이 당연한 것 같았고 의무처럼 느껴지기도 했다. 함께 아파할 수 없다는 자책감이 클수록 그의 고통에 더욱 동참하는 거라고 믿었다. 하지만 내가 함께 고통스러워하는 것은 환자에게 아무런 도움도 되지 않았다.

초반에는 억지로 노력했다. 그 덕분에 난 이기주의자가 되지 않았고, 환자를 내버려두지 않았고, 힘껏 헌신하며 그의 곁을 지켰다. 그러나 어느 순간 내가 모든 걸 할 수 없다는 사실을 인정했다. 그가 회복하는 건 내가 해결해줄 수 있는 문제가 아니었다. 도와주거나 함께 있을 수는 있었으나 반드시 낫게 할 수는 없었다.

그래서 나는 악순환을 깨기 시작했다. 두 사람 모두 얽매일 수밖에 없는 죄책감의 악순환에서 벗어나야 한다고 생각했다. 나는 한계를 설정하기로 했다. 나는 못 한다고, 더 잘 할 수는 없다고, 나는 죄책감을 느끼지 않는다고, 모든 게 나한테 달린 게 아니라고 자신에게 납득시켰다.

나는 그에게 하루 몇 시간 동안 간병인을 두자고 제안했다. 내 말에 그는 놀란 눈치였다. 나는 당연히 원망을 들을 거라고 생각했다. 혼자 내버려둔다고 여길 것만 같았다. 하지만 나는 더 이상 비즈니스 미팅을 취소할 수 없었다.

나를 희생하면서까지 그를 돌보던 일을 그만둔 후, 나는 그 상황에서 한 발짝 물러서게 되었다. 그러자 오히려 그는 자기 자신을 신뢰하기 시작했고 내가 반드시 필요 없다는 것을 깨달았다. 그러면서 신기하게 마음의 안정도 찾았다.

희생하기를 멈추고 나르시시스트가 되면서, 나는 결국 그를 구했고 동시에 우리 관계도 구했다. 그리고 다시 한 번 서로를 존중하며 상대를 재발견하는 시간을 가질 수 있었다. 우리 두 사람의 마음속에 자리 잡았던 냉기도 사라졌다. 그의 사랑은 다시 자기 자신을 비추는 거울이 되었고, 나 역시 그 거울을 통해 나를 비출 수 있었다.

마찬가지로 나의 사랑도 그에게는 자신을 들여다보는 거울이 되었다. 우리가 함께 만들어갈 거울은 앞으로 함께 나아가는 데 버팀목이 될 것이다. 갓 태어난 아기가 엄마의 사랑스러운 눈빛을 버팀목으로 삼아 성장하듯이 말이다.

친절에도 종류가 있다

✛

나는 멋진 여성과 같이 일하고 있다. 그녀는 결코 거절하는 법이 없었다. 그래서인지 모두가 만만히 여기는데도 그녀는 자신을 희생하는 편을 택하곤 했다. 워낙 잘 도와준다고 소문이 나 늘 이런저런 부탁을 받았다. 그러나 정작 그녀는 자신의 의사를 솔직히 표현하지 못해 괴로워했다.

그녀는 다른 사람들은 존중하지만 자신은 존중하지 않는다. 이타주의라는 치명적인 덫에 걸려 자신이 아무 가치도 없다고 생각하기에 이르렀다.

그녀가 남들을 돕는 이유는 사랑받기 위해서다. 만일 희생하지 않고 살아갈 용기를 지녔더라면, 나르시시스트가 되고, 때때로 거절하는 용기를 지니고, 자신과 다른 이를 동정하기보다 존중했다면 더욱 사랑받았을 것이다. 하지만 그 사실을 깨닫지 못했다.

진정한 친절은 '아니'라고 말할 수 있는 힘, 이타주의자가 되지 않고도 자신과 남을 완전히 분리하지 않는 힘에서 나온다. 오늘날 모든 사람에게 친절을 베푸는 사람은 좋은 평판을 받지 못하는 게 사실이다. 거절하지 못하는 성격이라고 생각하기 때문이다. 하지만 그건 잘못된 생각이다. 자신을 희생하는 친절과 마음에서 우러난 친절을 구분해야 한다.

　사랑은 의존적이지 않다. 그것은 다른 이의 '필요'를 채워주는 게 아니라 자신의 행복을 찾고 서로가 함께 성장하는 관계를 맺는 것이다.

4장

나를
사랑하는 게
어때서?

나를 백 퍼센트 인정하라

"나는 내 안으로 깊숙이 잠겨 나를 다시 만나고
나와 하나가 된다. 관찰자나 구경꾼이 아닌,
내게 다시 돌아가는 나로."
—앙리 미쇼

나는 내 친구를 좋아한다. 친구가 최상의 컨디션이거나 즐거운 기분이거나 잘 꾸미고 나왔을 때만 좋아하는 것이 아니다. 나는 친구를 있는 모습 그대로 좋아한다. 친구를 사랑하는 마음은 맹목적이지 않다.

나는 친구의 장점을 알고 결점도 안다. 때로는 그의 결점을 놀릴 때도 있지만 어떤 점에 대해서는 진지하게 조언하며 잘못된 점과 어리석은 일이 무엇인지 얘기해준다. 잘못을 고치라고 충고할 때도 있으나 친구의 잘못은 대화의 중심이 아니다.

나는 친구를 그 자체로 좋아한다. 내게 기쁨을 주는 친구이기에 장점과 단점 모두 백 퍼센트 인정한다. 배우자나 자녀, 이웃, 동료의 장점과 단점을 모두 인정하는 것과 똑같이 말이다. 나는 내가 그들을 사랑한다는 것을 안다. 그들과 함께할 때, 그들을 생각할 때 느껴지는 감정의 깊이가 그 사실을 확인해준다.

이 감정은 정서적인 반응의 강도와는 아무 상관이 없다. 그들을 본다고 해도 심장은 세차게 뛰지 않으며 열정이 생기지 않지만 함께 있을 때마다 변함없는 사랑을 체감한다. 그리고 그들을 볼 때마다 기쁨을 느낀다.

물론 짜증이 나거나 화가 치솟을 때도 있다. 아이가 말을 안 들을 때, 배우자가 한 날에 두 번이나 열쇠를 잃어버릴 때, 친구가 자꾸만 약속을 미룰 때 등.

그들은 가끔 나를 화나게 하지만 큰 문제는 아니다. 나는 여전히 그들이 보고 싶고, 그들을 사랑하지만 아무 보상도 바라지 않는다. 다만, 인간이기에 항상 같은 크기로, 같은 방식으로 사랑하지는 않는다.

아무 조건 없이 사랑한다는 것

✛

영원불변한 사랑은 신화나 로맨스 소설에서나 존재한다. 그러니 사랑이 지속되지 않는다 해도 죄책감을 느낄 필요가 없다. 현실 속의 사랑은 살아 있는 생명체처럼 끊임없이 움직이기 마련이다. 우리의 마음 상태가 그러하듯 때로는 기쁘고 때로는 슬프다.

사실, 사랑이란 현재 시점에서 겪고 있는 경험일 뿐이다. 사랑은 열려 있기에 감옥이 될 수 없다. 사랑은 조건을 따지지 않으며 절대적이지 않다. 따뜻하고 위로를 주는 사랑은 마음 깊숙한 곳으로부터 흘러나오는 긍정의 표현이다.

나는 그들을 사랑한다고 되뇌면서 시간을 보내지 않는다. 나를 설득하려고 그 말을 되풀이할 필요도 없다. 지속적으로 그들의 장점을 헤아리지 않으며 그들이 그런 대접을 받을 가치가 있는지, 사랑받을 만한지 분석하기 위해 그들의 결점을 재지 않는다.

나는 그들을 단순히 사랑한다. 그들을 사랑한다는 사실이 내가 가진 문제들을 해결해주지 않으리란 걸 안다. 그러나 힘든 문제와 맞설 때 그 사랑으로 인해 나는 힘을 얻고 위로를 받는다.

나의 약점은 나의 전부가 아니다

✛

나를 사랑하는 것도 다르지 않다. 마음을 활짝 열고 따뜻한 호의를 담아 나에게 '예스'라고 말하는 것이다. 그럴 때 나는 나의 어느 부분에 대해서가 아니라 나의 전부를 긍정한다.

만일 내가 나의 사회적 위치 혹은 업무적 성과나 신체적인 면만 사랑한다면 내가 사랑하는 것은 나 자신이 아니라 나의 이미지에 불과하다. 나라는 사람은 멋진 몸매나 비싼 자동차, 선망하는 직업 등에 한정되어 있지 않기 때문이다. 나는 얼굴에 주름살이 늘고 실업자가 된다고 할지라도 나를 계속 사랑할 것이다.

나는 내가 다른 이들을 사랑하듯 나를 사랑한다. 때로는 내가 싫지만, 때로는 내게서 멋진 부분을 발견한다. 나의 결점과 잘못을 인식할 때도 있으나 그렇다고 해서 그런 약점이 나의 전부라고 여기지 않는다.

어떤 잘못을 저질렀을 때, '나는 정말 바보야!'라고 생각하는가? 아니면 '다시는 바보처럼 행동하지 말아야지!'라고 생각하는가? '나는 바보다'라는 생각에 빠지게 되면, 나를 통째로 바꾸고 싶다는 마음에 이상적인 이미지를 내게 투사하게 된다. 그리고 나를 더욱 한심하게 여기며 '한심한 자'라는 틀 안에 나를 더욱 밀어 넣는다. 그리고 내가 실제로 행한 것 이상으로 자책감에 시달리고 나를 괴롭히며 내가 나인 것을 원망한다.

다른 사람 때문에 기차를 놓쳤다면, 나는 그의 부주의를 지적하겠지만 공개적으로 망신을 주지는 않을 것이다. 그런데 왜 나는 내가 기차를 놓치면, 스스로를 무능력하고 한심한 사람으로 여기는 걸까? 기차까지 놓친 마당에 자책하면서 나를 이중으로 벌할 필요가 있을까?

다시는 바보처럼 행동하지 않겠다는 생각은 어떤 상황에서 내가 저질렀던 부주의함에 초점을 맞춘다. 그렇지만 부주의했던 행동이 내 존재 전부를 의미하는 것은 아니다. 그저 제대로 행동하지 않았을 뿐이다. 자기 자신을 온전히 긍정하며 나를 변화시키고 성장하기를 원한다면 앞으로 행동에 더욱 주의할 것이다.

아무리 애를 써도 결코 완벽해지지 않으리란 것도 인정하자. 언제나 나무랄 데 없는 삶을 살기에는 인생은 너무 복잡하다. 앞으로도 물론 바보 같은 행동을 저지를 테고, 이상적인 완벽한 존재는 될 수 없겠지만 그렇게 되기 위해 노력할 것이니까. 완벽하지 않지만 나라는 사람은 그 자체로 사랑받기에 마땅하다.

도대체 나는 누구인가?

✛

내가 다른 이들을 사랑하는 이유는 단지 그들이 그들 자신이기 때문이다. 나는 그들을 사랑하고 격려한다. 앞으로 나아가고 발전하고 그들 안에 있는 가능성을 활짝 펼칠 수 있도록 말이다.

나는 그들에게 말한다. "넌 네가 생각하는 것 이상의 가치가 있어" 또는 기원전 5세기의 그리스 시인 핀다로스의 명령을 다시 받들어 "너 자신이 되어야 해"라고 말한다. 내면에 지닌 천재성을 고스란히 살릴 수 있도록. 누군가를 사랑하는 것은 그가 가진 본성을 통해 스스로 성장하고 원래의 자신이 되도록 돕는 것이다.

불교에서는 어미 새를 예로 든다. 어미 새는 어느 시기가 되면 새끼들에게 더는 모이를 먹여주지 않는다. 새끼들이 자기 힘으로 날 수 있도록 훈련시키기 위해서다. 그래서 둥지 안에 먹이를 놓지 않고 둥지 근처에 먹이를 놓아둔다.

새끼 새들은 용기를 내어 처음으로 날개를 펼칠 때 자기 자신을 발견한다. 만일 실패하더라도 어미는 새끼들이 다시 일어서서 날개를 펼치도록 돕는다. 그들은 어른 새가 되어야만 하기 때문이다.

18세기에 살았던 하시디즘유대교 경건주의 신앙운동-옮긴이의 위대한 현인이었던 랍비 주샤는 죽기 얼마 전에 이런 말을 남겼다.

> 다가올 세상에서 내가 나에게 하게 될 질문은 '너는 왜 모세가 아니었느냐?'가 아니라 '너는 왜 주샤가 아니었느냐?'가 될 것이다.

인생에서 도전해야 할 과제는 성인이나 영웅이 되는 것이 아니라 나 자신이 되는 것이다. 나는 종종 두려움이나 체념, 부끄러움, 무지 때문에 나 자신이 되지 못했다.

나는 누구인가? 나 자신을 분명하고 확실하게 알 수 있는 방법은 없다. 인생이나 사랑처럼 나 역시 변화하는 존재이기 때문이다. 나를 전적으로 길들일 수 있는 방법은 없기에 스스로를 수수께끼로 남겨놓으려 한다. 그러나 언제든 내 목소리에 귀를 기울이고 질문을 던진다. 그리고 나를 발견하기 위해 가슴 뛰는 모험을 떠난다. 오래도록 계속될 그 길에서 '나는 누구인가?'라는 질문은 되풀이돼야 한다. 나에 대한 구체적인 탐구이기 때문이다.

언제까지 자신을 속이며 살 수 있을까?

✛

나는 언제 진정한 나 자신이 되는가? 나는 언제 진짜 내가 되는가? 이 질문에 대답하는 것은 커밍아웃과 같다. '커밍아웃'이란 표현은 보통 동성애자가 자신의 성 정체성을 공개적으로 드러낼 때 사용한다. 그러나 우리의 개성은 단지 성 정체성에만 한정되어 있지 않다.

우리는 자신이 지닌 다양한 면들에 대해 침묵하는 경향이 있다. 보통 사람들과는 달라 보이는 자신의 독특한 성향이 사회에서 요구하는 규칙들에 어긋난다는 생각이 들고, 그 성향을 얘기하면 보편적인 규칙에 순응하지 않는 것이라고 판단하기 때문이다. 하지만 감추려고 애쓰며 꾹꾹 눌러놓은 나만의 독특함을 과감히 꺼내야 한다.

나는 커밍아웃을 했고 여전히 커밍아웃 중이다. 나 자신과 조화를 이루고, 내게 맞는 삶을 살기 위해, 그리고 진짜 내가 되기 위해서 말이다. 문턱을 넘기 위한 발걸음은 언제나 쉽지 않다. 그럼에도 나를 알고 받아들이기 위해 무겁게 짊어졌던 짐들을 내려놓는다.

나는 혼자 있는 걸 좋아한다. 그리고 내가 그런 성격임을 받아들인다. 칵테일이 오가고 저녁식사가 잡혀 있는 출판 행사

이러지 마, 나 좋은 사람 아니야

때마다 나는 나 자신으로 돌아갈 수 있는 침묵과 고독의 순간
이 절실히 필요하다.

'남자는 울면 안 돼'라고 이야기하는 세상에서 살지만 나는
몹시 예민한 사람이다. 나는 눈물을 잘 흘린다. 영화를 볼 때
도, 부당한 일을 목격할 때도 감정이 과하게 올라온다. 내 일이
아닌 경우에도 그렇다. 피부 세포 하나하나에서 그런 감정을
느끼고, 그로 인해 눈에 눈물이 차오른다. 불쾌한 말이나 생각
을 마주하면 비수를 맞은 듯 심장이 아프다. 비, 태양, 바람 같
은 외부 요인들이 일상생활에까지 영향을 주는 건 내게 큰 핸
디캡이다.

나는 그림 그리는 것을 좋아한다. 비록 내 직업이 생각하고
글을 쓰는 지식인의 범주에 속하지만 그림을 그릴 때 느끼는
행복은 무엇과도 바꿀 수 없다.

하지만 나는 오랫동안 내가 약점이라고 생각한 것들 때문
에 내가 그린 그림들은 형편없다고 생각하며 숨겨두었고, 눈
물이 날 땐 남들 눈에 띄지 않으려 애써 감췄다.

나는 혼자 있기 좋아하고 고독하고 몹시 예민하다. 나는 이런
나를 인정하고 더 나아가서 나를 사랑하는 법을 배워야 했다.
그래서 스스로를 애써 타이르며 이성적으로 생각하려고 노력
했다. 나를 발견하기까지 오랫동안 많은 노력을 기울였다.

수많은 시행착오와 실수를 저질렀다. 어떨 땐 '이건 내 모습이 아니야. 나답지 않게 행동한 것뿐이야'라고 생각하기도 했다. 그러나 아니었다. 나는 여전히 내 안에서 맴도는 거북함을 어쩌지 못한 채, 원래의 내 모습은 존재하지 않는 듯 다른 이를 속였고 나를 속였다.

결국 나는 내 안에 있는 본래의 모습을 자유롭게 풀어주자고 결심하고 그 길을 걷기 시작했다. 그러자 뜻밖에도 기쁨이 찾아왔다. 나를 괴롭히거나 자책하지 않고 나 자신을 존중하면서 나는 서서히 변하기 시작했다.

나는 내게 소중한 존재가 되었다. 나를 비열한 인간으로 취급하는 것보다 훨씬 나았고, 진정한 나를 만날 때마다 행복을 느꼈다. 그건 친구나 사랑하는 사람을 만날 때 느끼는 기쁨과 동일했다.

나는 나의 가장 좋은 친구다

✢

잘못을 저지르면 나는 변명하지 않고 스스로 책임진다. 내가 잘못을 저질렀다고 해서 사랑받을 자격이 없어졌음을 뜻하지 않는다. 세상의 모든 지혜와 종교는 이렇게 가르쳤다. 비록 거기에서 파생된 교리들이 본뜻을 왜곡하고 도덕이라는 이름으로 사랑을 희생시켰지만 말이다.

부처와 예수는 행위로 사람을 판단하지 않았다. 두 성인은 모두에게 마음을 열었고, 범죄자를 용서하고 인정했으며, 주위 사람들과 함께 어울려 살 수 있게 해주었다. 또한 스스로를 숨기지 않고 참된 자신의 모습을 보도록 했으며 그런 자신을 사랑하도록 이끌었다.

나는 완벽하지 않은 나를 사랑한다. 나를 사랑하려면 관심의 초점을 외부 상황이 아니라 내게 맞춰야 한다. 나는 더 이상 나를 부정하지 않는다.

내 약점은 구겨진 와이셔츠의 주름과 같다. 나는 주름을 펼 뿐 와이셔츠를 버리지 않는다. 어리석은 짓을 한 후 자책하지만 내 잘못을 부인하지 않는다. 잘못을 고치고 용서를 구할 때마다 나를 재발견할 수 있도록 해준다. 그리고 마음에 너무 오래 달라붙어 질척대는 은밀한 죄책감에서 벗어나 마음의 평화를 얻는다.

나를 전적으로 사랑하고, 다정한 목소리로 아무 조건 없이 내게 '예스'라고 말하고, 나라는 존재를 확신하며 신뢰하는 일은 결코 쉽지 않다. 그럼에도 나는 나의 가장 좋은 친구이다.

인생은 깜짝 놀랄 만한 선물 상자

"모든 사나운 용들은 우리의 강함과
용기를 시험하려는 공주님일 수도 있다."
―라이너 마리아 릴케

나는 10년 넘게 사랑에 대한 명상 세미나를 개최하고 있다.
사랑은 스스로 학습해야 한다. 성공을 위해서가 아니라 생존
을 위해서다.

자신을 사랑하는 일은 고통, 감정, 어려움, 장애의 원인을
깊이 파고들어 구체적으로 변화시키고 앞으로 나아가면서 자
신을 부족하다고 느끼는 마음과 화해하는 것이다. 자신을 사
랑하기 위한 네 가지 학습 단계를 알아보자. 이 학습 단계에
성공이나 실패는 없다. 만일 첫 번째 단계에 대답하기 힘들다
면, 다음 제안으로 넘어가면 된다. 첫 번째 단계로 돌아올 시

이러지 마, 나 좋은 사람 아니야

간은 늘 있으니 말이다.

1. 내가 가진 장점을 하나 생각한다. 그 장점을 통해 내 안에 사랑스러운 무언가가 있음을 느낀다. 그건 내가 나를 사랑할 수 있게 해주는 출발점이다. 예를 들어, '착함', '친절함', '손재주가 있음' 등등.

2. 다른 사람이 나에 대해 말해주던 장점을 생각한다. 스스로 생각하기에도 그 장점이 내게 있다고 생각한다면 그 점을 들여다볼 시간을 갖는다.

3. 지금까지 했던 일 중 가장 유익한 일을 생각한다. 스스로 내가 가진 장점이라고 인식한 부분과 연결된 일이어야 한다.

4. 비록 지금은 나를 사랑한다고 생각할 수 없지만 언젠가 나를 사랑할 거라는 열망과 간절함을 느낀다. 이 간절함이 바로 첫걸음이며, 나에 대한 사랑이 시작됐음을 보여주는 시그널이다.

나를 사랑하는 일은 왜 어려울까?

✛

세미나에 참석한 사람들의 절반 이상은 단계마다 어려움을 호소하며 다음 단계로 이르지 못한다. 그들의 이야기를 듣다 보면 마음이 무거워진다.

처음으로 세미나에 참석한 여성 심리상담가가 있었다. 그녀는 최근 몇 년 동안 장애 질환으로 고생하는 어머니를 혼자 돌보고 있다고 얘기했다.

"사람들은 내가 씩씩하다고 말해요. 그러나 나는 단지 의무 감으로만 그 일을 할 뿐입니다. 어머니는 내가 착하다고 말하지만, 난 그 말을 곧이곧대로 듣지 않아요. 다른 일들 때문에 어머니를 소홀히 대한다고 생각하거든요. 죄책감이 들어요."

오랫동안 수련을 한 후, 이 여성은 자신이 용기 있는 사람이며, 어머니에게도 실제로 친절하다는 것을 깨달았다. 그녀는 정말 용기 있고 친절한 여성이었다. 이런 깨달음은 그녀에게 깊은 감동을 주었다. 자기 자신과 화해하기 시작한 것이다.

인기가 많았던 과거를 그리워하며 살아가는 한 남자가 화난 표정으로 나를 찾은 적도 있었다.

"그래서 자기를 사랑한다는 게 도대체 뭡니까?"

그는 자신의 장점을 하나도 찾지 못했고 다른 사람이 자기에게서 장점을 찾을 거란 생각도 하지 못했다. 이제껏 공격적이고 사나운 늑대 같은 자신의 이미지에 만족하고 있었다. 그러나 이 이미지는 그의 내면에 숨어 있는 자신의 참모습과 일치하지 않았다. 금융업계를 떠난 것도 이 때문이었다.

나는 그가 자신의 내면으로 깊숙이 들어가는 것에 거부감을 느끼고 극심한 혼란을 겪고 있다는 것을 알았다. 나는 그에게 가장 소중한 사람을 생각하고, 그 사람이 가장 좋은 것을 누리기를 소망하라고 요구했다. 그리고 다음 단계로 자신에게 똑같이 하라고 했다. 자신의 장점이나 결점과는 무관하게 행복할 것을 원하라고 말이다. 그는 눈물을 흘렸다. 깊이 숨겨둔 마음속을 건드린 것이다.

무엇이 나를 행복하게 만드는가?

✛

자신을 사랑하는 연습은 간단해 보일 수 있다. 그러나 나는 이 연습이 마음을 불편하게 하며 자신에 대한 생각을 뒤집어놓는다는 것을 안다. 마음 깊은 곳에서 우리는 자신을 사랑하지 않는다. 그러나 그 사실을 모른다. 우리는 자신을 사랑하는 법을 배운 적이 한 번도 없고, 자신을 사랑하는 일을 금지된 사랑처럼 터부시한다.

자신이 보잘것없다고 느끼거나 마음이 닫혀 있을 때, 이기적인 생각이나 분노에 차 있을 때는 훨씬 어렵다. 나 같은 사람을 어떻게 사랑할 것인가? 나는 사랑받을 자격이 있을까? 자신을 사랑하지 않고, 스스로를 만나지 못할 때 얼마나 힘든지 아는 사람은 거의 없다. 우리는 자신을 사랑할 때 느끼는 격렬한 감정 역시 알지 못한다.

내가 말하는 사랑은 바로 나르시시즘이 우리에게 가르쳐주는 것이다. 그 사랑은 결코 맹목적이지 않으며 어리석지 않다. 애정을 갖고 꾸준히 질문을 던지며 나아가는 긴 여정이다.

수면에 비친 자신의 모습을 인지하고, 자신을 바라보는 나르시스의 시선. 이 시선으로 우리는 무지에서 벗어날 수 있다. 자기 자신에 대해 무관심하기보다 호기심을 갖고서 말이다. 소크라테스는 "자신을 사랑하는 건 무엇보다 우리의 어떤 요소가 삶을 긍정적으로 만들어주는지 아는 것이다"라고 가르쳤다. 자신을 사랑하는 건 스스로를 탐구하는 지적인 사랑이다. 또한 이 사랑은 감정에 치우치지 않는다.

보고 느끼는 것만이 전부는 아니다

✢

어떤 이들은 자신의 감정을 진실이라고 여긴다. 하지만 감정은 때로 거짓되고, 잘못된 쪽으로 향하며, 지성이나 지각이라고 착각할 만큼 속기 쉽다.

예를 들어, 공포영화에서 느끼는 두려움은 강렬한 감정이지만 그 감정은 일시적이어서 실제 삶과는 상관없다. 나는 이 감정을 위험 신호라고 생각하지 않는다. 두려운 마음이 드는 건 사실이다. 그러나 좀비들이 이 세상에 실제로 존재하지 않음을 알고 있기에 그 감정에 귀를 기울이지 않을 것이며 나를 방어하겠다고 길모퉁이에서 마주치는 사람을 죽이지 않을 것이다.

나의 시각과 청각 또한 나를 속일 수 있다. 나는 멀리서 나무를 봤다고 생각하지만 가까이 다가가니 나무가 아닌 말뚝인 경우도 있다. 내 이름을 들었다고 생각하지만 사실은 다른 사람 이름인 경우도 있다. 우리 감정은 때로 진짜와 반대되는 가짜일 뿐이다. 신기루이자 환영처럼 우리를 속이고 있을지 모른다.

나는 감정의 소용돌이에 휘말려 경솔하게 행동하는 이들을 많이 보았다. 그들은 자신이 느끼는 감정이 진실한 마음이라고 여기며 감정을 솔직히 표현해야 한다고 주장한다. 하지만 실수나 잘못을 저지를 위험이 있어도 무분별하게 행동하다가 얼마 못 가 씁쓸하게 후회하고 만다. 이런 식으로 분노나 질투에 사로잡혀, 직업을 바꾸거나 배우자를 떠나고 싶은 충동을 느낄 수도 있다.

하지만 이런 욕망이 솟아나는 것이 정말 감정 때문인가? 아니면 깊은 내면의 소리인가? 나를 사랑하는 건 감정을 넘어서는 행위를 포함한다. 나는 현명하게 나를 들여다보기 위해, 내가 정말 간절히 원하는 욕구를 듣기 위해 감정에 치우치지 않는다.

제대로 된 삶을 영위하려면 지속적인 성장이 필요하다. 따라서 잠된 나, 그리고 내 안 깊숙한 곳에서 느끼는 것과 부합하는 결정을 내리기 위해 노력해야 한다. 또한 이를 바탕으로 성장하기 위해 감정에 따라 행동하는 것을 조심해야 한다.

아닌 것을 아니라고 말하는 용기

✢

이성 또한 우리를 속일 수 있다. 그래서 나는 논리와 합리성의 도그마를 믿지 않는다. 합리성은 이성이 아니다. 오히려 합리성이 이성을 왜곡하며 파괴할 때도 있다. 합리성이란 말은 냉혹하고 확실한 경제 동향을 알려주는 일자리 통계라든지, 현대사회의 새로운 나침반으로 떠오른 데이터, 숫자를 통해 우리가 누구인지를 설명하고 욕구를 예측하기 위한 도표를 설명할 때 쓰인다.

나치 역시 강제 수용소를 운영할 때 합리성을 바탕으로 했다. 그들은 강제 수용자들의 선별 기준, 유대인 수용 열차의 도착 시간, 가스실 수용 인원, 그 안에 주입할 독가스 양마저도 완벽하게 정해서 기준을 만들었다. 합리적이고도 완벽한 논리로 시체를 대량으로 양산한 것이다. 그들이 만든 기준은 명확했고 효과적이었다. 하지만 이 합리성을 이성적이라고 볼 수 있는가?

기원전 6세기, 고대 그리스 초창기에 활동했던 철학자 탈레스는 무지를 '무거운 짐'이라고 부르면서 무지한 자들을 몹시 안타까워했다.

자신을 사랑하기 위해서는 무지라는 무거운 짐을 극복하고 자신을 충분히 알아야 하며, 눈먼 상태에서 벗어날 수 있도록 투쟁해야 한다. 사도 바울도 스스로에 대한 무지를 한탄하며 이렇게 말했다.

내가 행하는 것을 내가 알지 못하노니 곧 내가 원하는 것은 행하지 아니하고 도리어 미워하는 것을 행함이라.

로마서 7장 15절

나를 사랑하는 것은 어리석은 일이 아니다. 움츠러들게 만드는 습관과 복종의 감옥에서 탈출할 용기를 갖는 일이다. 누군가가 받아들일 수 없는 일을 요구할 때, 옳은 일이 아니란 걸 알았을 때 '싫다'고 거절할 수 있는 힘을 나의 내면에서 찾아내는 것이다.

나는 나를 힘껏 사랑한다. 그러기에 나를 신뢰할 수 있고 부당한 요구를 듣지 않으리란 걸 안다. 진정한 나르시시스트는 그래야만 하는 순간에 '그건 아니다'라고 자각하고 단호하게 거절한다. 용기는 비겁함과 달리 나르시시즘에서 우러나온 내면의 결단이다. 다수가 확신하는 말보다 나의 의식이 말하는 것에 더욱 귀 기울이고 스스로를 신뢰하는 행위가 바로 용기이다.

나를 발견하는 일은 투쟁이다

✧

몇몇 사람들은 타인과 떨어져 홀로 있을 때 자신을 발견할 수 있다고 믿는다. 그러나 우리는 나를 발견한다는 이유로 내 삶에서 떨어져 나올 수 없다. 내게 감동을 주거나 성가시게 하는 것, 기쁘거나 지루한 일에서 벗어날 수 없다. 자신을 알기 위해서는 사람들을 만나야 하고, 힘든 문제에 직접 부딪치며 자신의 능력과 가능성을 시험해야 한다. 침대에서 고심만 하지 말고, 내가 좋아하는 것을 찾으러 간다는 사실을 사람들과 함께 얘기하면서 말이다.

따라서 자신을 사랑하는 건 나를 방치하거나 꽃길만 걸으면서 할 수 있는 일이 아니다. 기쁜 마음으로 시작했으나 어느 순간 폭풍이 일어날 수 있고, 상상도 하지 못할 혼란을 겪은 후에 평안을 찾을 수도 있다.

내가 마침내 나를 신뢰하겠다고 결심한 날이 기억난다. 강의가 있는 날이었다. 몇 년 전부터 강의 전에는 오랜 시간 공들여 자료를 준비하곤 했다. 그런데 그날, 뭔가에 홀린 듯이 정성껏 준비한 자료를 전부 찢어버렸다. 그리고 맨몸으로 강의실에 들어갔다. 자료 없이 강의를 하려니 처음에는 겁이 났다. 그러나 이내 열정적으로 강의를 시작했고, 능력을 한껏 발휘하는 나를 깨닫는 순간, 큰 기쁨을 느꼈다.

나를 사랑하는 것은 삶을 두려워하지 않고, 확신을 가진 채 나에 대해 '예스'라고 말하는 것이다. 우리는 자신을 믿지 말라고, 위험과 열정을 계산하라고 배웠다. 자신을 낮추라고, 맑은 정신을 유지할 수 있도록 낮은 곳으로 내려가라고 배웠다. 하지만 마음의 눈을 뜨는 것도 거부하는데 어떻게 정신이 맑아질 수 있는가?

자신을 비하하며 쾌감을 느끼는 사람

⁂

몹시 무더운 닐이었다. 자주 보지 못하던 이웃을 건물 이레에서 우연히 만났다. 우리 둘 다 땀을 흘리고 있었다. 나는 인사치레로 "날씨가 덥네요"라고 말을 건넸다. 그러자 그녀는 슬픈 미소를 지으며 대답했다.

"갱년기라 그런지 못 참을 정도로 덥네요."

갑자기 사적인 이야기를 들어 깜짝 놀랐지만 그래도 위로의 말을 해주고 싶었다.

"지하철에서는 지금보다 훨씬 더웠답니다."

그 말에 그녀의 슬픈 미소는 일그러진 미소로 바뀌었다.

"나는 백수예요. 이제 지하철 탈 일이 없어요. 갈 곳도 없고요. 누가 나 같은 사람을 보고 싶어 하겠어요?"

그녀는 자신을 심하게 비하했다. 그러면서 쾌감을 느끼는 것 같기도 했다. 그녀는 자신에 대한 비난과 증오 속에 갇혀 있었다. 그리고 자신을 믿기를 거부했다. 자신의 아름다움을 발견할 수 있는 가능성이 그녀의 내면에 있음을 말해주고 싶었고, 자신을 경멸하기보다 사랑하라고 말해주고 싶었다.

그러나 그녀는 내가 무슨 말을 하든, 그 말을 반박하고 안 좋은 쪽으로 해석했다. 자신에 대해 눈이 먼 상태였기에 내가 해주는 말이 거짓말이나 하찮은 얘기로 들릴 수밖에 없었을 것이다. 자신을 보지 못하기 때문에 어리석은 사람이 된 것이다. 마치 무엇이든 비꼬아 듣고 말하는 변덕쟁이 아이 같았다. 그녀는 자신에 대한 증오 때문에, 인생은 여전히 깜짝 놀랄 만한 선물로 가득하다는 사실을 바라볼 수 없었다.

밤이 지나면 낮이 온다는 믿음으로

✢

학창시절에 나는 불행하지 않았다. 그러나 마음속에서 끓어오르는 불길에 어쩔 줄 몰라 하며 늘 불만스러운 상태로 살았다.

나는 음울한 시들을 쓰곤 했는데, 그 시를 본 신부님은 나에 대해 걱정을 많이 했다. 우리는 사제실에서 얘기를 나누었다. 신부님은 나에게 우울할 이유가 전혀 없으며, 세상의 아름다움과 하늘의 새들을 봐야 한다고 반복해서 말했다.

하지만 살아가는 데 가장 어려운 문제들을 외면해버리는 신부님의 태도를 믿을 수 없었다. 내가 쓴 시가 어두운 밤을 과장해서 묘사한 것은 사실이다. 그러나 나는 밤이 있기에 낮이 있다는 사실을 알고 있었다. 밤은 내게 현실을 잊고 잠들게 하는 수면제와 같았고 잠에서 깨어나면 밝은 낮이 온다는 약속이 거짓이 아님을 알았다.

지금 나는 인생의 길이 신부님이 말했던 것과 다르다고 믿는다. 우리는 구름 없는 푸른 하늘이나 하늘 없는 구름을 보지 말고 전부를 사랑해야 한다. 자신의 모든 면을 만나야 하는 것이다. 진짜를 사랑해야 한다. 모든 게 괜찮다고 되뇌기만 하지 말고, 너그러운 마음으로 모든 것의 본모습에 주의를 기울여야 한다.

나를 사랑하는 것은 어리석은 일이 아니다. 그 사랑은 내 한계, 내 열등함, 내 가능성, 나의 인간됨 모두를 통틀어 내 자신에게 '예스'라고 말하는 지적 행위이다.

나는 나를 긍정한다. 나이기 때문에.

나는 나를 받아들인다. 나는 그럴 가치가 있는 사람이므로.

나를 사랑하는 것은 긴 호흡으로 이뤄가야 할 임무이며, 내 생에서 완수해야 할 작품이다. 나를 사랑하는 것은 활짝 펼쳐질 인생을 향한 첫 날갯짓이다.

근거 없는 자신감이
필요한 이유

"살아 있고 싶다면 자신을 무한히 갈망하고 발견해야 한다."
—폴 발레리

한 번에 휙 둘러보는 걸로 나에 대해 파악할 수 있을까? 우리는 끊임없이 나를 알아가고 미처 발견하지 못했던 모습에 놀란다.

단번에 누군가에 대한 모든 것을 알 수는 없다. 나는 30년 동안 내 파트너와 같이 살고 있지만 여전히 그 때문에 놀란다. 비슷한 세월 동안 함께 일했던 동료들도 나를 놀라게 하기는 마찬가지다. 나는 그들이 드러내는 재능을 미처 알지 못했고, 어떤 취향이나 욕망이 있는지, 무엇을 싫어하는지도 전혀 몰랐다. 어쩌면 그들 자신조차도 몰랐을 것이다.

부모들은 흔히 낳고 키운 아이들을 머리끝에서 발끝까지 전부 안다고 생각하지만 아이들 역시 우리에게 수수께끼이자 '놀라움으로 가득 찬 상자'이다. 내가 나 자신을 완전히 알 길은 없다. 이를테면, 재난이나 대형 화재가 났거나, 지하철에서 폭행 장면을 목격했을 때 나는 어떻게 반응할까? 과연 영웅처럼 행동할 수 있을까?

2016년 7월 14일, 니스의 유명한 해안 도로에서 조용한 성격의 50대 남자 프랑크 테리에가 아내와 평온한 저녁을 보내고 있었다. 그런데 갑자기 대형 트럭이 사람들에게 무섭게 돌진했다. 그는 아수라장이 된 현장에서 트럭 바퀴 밑으로 부리나케 오토바이를 밀어 넣고는 속도가 줄어든 트럭을 쫓아 달려가 테러리스트와 맨손으로 싸웠다.

몇 분 전만 해도 그는 자신에게 그런 용기가 있다고 생각하지 못했다. 자신조차 모르던 모습에 너무 놀라 충격을 받을 정도였다. 그는 사건 이후 몇 달 동안 자신의 행동을 부인했다. 평범한 사람이었던 그는 수십 명의 목숨을 구할 만큼 매우 용감했지만 결국 그런 면을 자신에게서 발견하는 데까지는 이르지 못했다.

나는 내가 아는 것보다 더 위대하다

✛

우리는 다양한 특성들로 가득 차 있다. 자신에게 어떤 특성이 있는지 알기 위해선 우리 자신을 시험해보고 살펴봐야 한다. 그건 일상 속에서 벌어지는 사소한 행동을 통해서도 충분히 가능하다.

이를테면, 뜻밖의 질문이 주어졌을 때 스스로도 놀랄 만큼 즉석에서 재치 있는 대답을 내놓은 일, 자신을 포함한 모든 사람의 예상을 뒤엎고 시험이나 면접에 수월하게 통과한 일, 문짝을 고치다가 더 많은 물건을 손보거나 만들고 싶다는 욕구를 깨달았던 일, 불가능하다고 생각했던 프로젝트를 멋지게 해낸 뒤 자기 자신한테 놀랐던 일 등이 있을 수 있다.

그러나 대개 이런 기쁨은 일시적이어서 자신에게서 발견한 새로운 면을 곧 잊어버린다. 문짝을 수리하면서 드러난 재능을 잊어버리고, 어떤 서류나 행사를 처음부터 끝까지 빠르게 해낼 수 있는 능력이 있다는 것도 잊는다. 우리는 감히 감춰져 있던 자기 자신을 인정하지도 신뢰하지도 못한다.

자신을 사랑하는 것은 내 안에 감춰진 인간, 내 안의 삶을 사랑하는 것이다. 학위, 직업, 나이, 피부색, 성적 취향 같은 편협한 정체성으로 나를 규정하는 걸 넘어서서 말이다. 이런 지표들은 나에 대해 많은 걸 말해주지만 사실은 아무것도 말해주지 않는다. 나는 그 이상의 존재이며, 더 위대하고, 더 아름답고, 더 다양하고, 더 복합적이기 때문이다.

인간의 정체성은 정해져 있지 않다

✛

"아침에는 네 발, 점심에는 두 발, 저녁에는 세 발로 걷는 동물은 무엇인가?"

스핑크스가 오이디푸스에게 던진 이 수수께끼는 곧, "나는 누구인가?"라는 질문이었다. 오이디푸스 이전에 수많은 사람이 수수께끼 속 동물의 정체를 밝히려 했지만 실패하고 잡아먹혔다. 오이디푸스는 그가 말한 동물이 동물 그 이상임을 알아챘다. 정의하고, 가두고, 규정할 수 없는, 자신 안에 숨겨진 '인간'이 바로 그 동물이었다.

스스로 수수께끼가 된 인간은 완벽히 파악할 수 없는 존재이다. 통장 잔고나 외모, 사회적 포지션 같은 꼬리표 뒤에 숨어 고유한 인간성을 잃어버릴 만큼 스스로를 감추려고 노력할 때조차 말이다.

모든 인간의 정체성은 정해져 있지 않다. 오늘은 청년이고,

내일은 노인이다. 모든 상황에서 똑똑하지 않으며, 게으름을 부리고 싶은 욕구와 부지런하게 살고 싶은 욕구가 번갈아 찾아온다.

누구도 5년이나 10년 후에 내가 어떤 모습일지 알지 못한다. 내 안에는 인간으로서의 진짜 내 모습이 숨어 있다. 그러나 우리는 참된 나를 제대로 대우하지 못한 채 세월을 보낸다.

우리는 멈추지 않고 계속 달린다. 자신의 인간성을 인식하지 않으며, 내면의 소리를 듣지 않는 채로 말이다. 우리는 변하지 않는 것에 안도하며, 일정한 궤도를 지닌 레일에서 벗어날까 두려워 그 위에 머무르기를 원한다.

하지만 변하지 않는 것은 없다. 갑작스러운 변화가 몰고 올 두려움 때문에 우리는 자신의 목소리를 듣고, 레일을 벗어나고, 다른 길을 가는 걸 스스로 금한다. 인생을 계획하고 모든 걸 제어할 방법을 찾는다. 삶이 두렵기 때문이다.

감춰진 내 모습은 어디 있을까?

✛

감춰진 나는 이성과 감정 사이, 감각과 지능과 직관이 이루는 미묘한 균형 안에서 찾을 수 있다. 단번에 균형을 바로잡을 수 있는 방법은 존재하지 않는다. 끊임없이 찾으려 시도하고 실패해도 다시 시작해야만 가능하다. 언젠가 자기 자신과 조화를 이룰 수 있도록 나를 더 신뢰하고, 바로 지금 옆에 있는 것에 주의를 기울이면 감춰져 있던 진짜 '나'에게 한 발짝 더 다가설 수 있다.

이성은 옳다고 확신할 때가 아닌, 지속적으로 질문할 때 제 기능을 한다. 옳다고 확신하는 감정은 올바르지 않다. 스핑크스의 수수께끼는 개인의 재발견을 의미한다. 그 존재는 이성과 감성을 뛰어넘으며, 일, 열정, 욕망 같은 세세한 특성 하나로 규정할 수 없다. 나는 이 모두를 한데 아우르는 존재이다.

위대한 화가 렘브란트는 백여 개의 자화상을 그리면서 자신만의 특별한 모델을 만들어냈다. 그 사실 때문에 사람들은 렘브란트가 자기중심적인 사람이었다고 추측한다. 그러나 그가 자신의 진짜 모습을 치열하게 그렸다는 사실은 그의 자화상을 들여다보는 것만으로도 충분히 확인할 수 있다.

임종 직전의 그림들에서 그는 자신을 등이 굽은 노인으로 그렸다. 얼핏 추해 보이기도 하지만 자신의 진짜 모습을 그린 것이다. 광적으로까지 여겨지는 그림 인생에서 렘브란트가 추구한 것은 인간의 조건을 찾는 것이었다. 화가는 감춰진 자신의 모습을 찾기 위해 생을 보냈다. 그 모습에 가까이 다가갔

을지 몰라도 결국 완벽하게 찾아내지 못했을 것이다. 그건 찾을 수 있는 것이 아니기 때문이다.

그는 감춰진 자신을 그리는 것은 불가능한 일임을 보여주었다. 결국 아무것도 붙잡지 못한 것이다. 그의 그림은 이런 사실에 대한 비밀스러운 고백이며, 이제 막 여정을 시작한 우리에게 내미는 응원의 손이다.

근거 없는 자신감이 필요한 이유

나는 가끔 강의 자료를 찢어버리고 자유롭게 강의를 진행하고, 미리 정해두었던 일과들에서 벗어나며, 내게 가장 어울리는 또 다른 삶의 방식을 추구한다. 나 자신에게 전적으로 '좋아'라고 말하지만, 필요할 때는 '싫어'라고 말하기도 한다. 이 순간들은 내 잠재력을 마음껏 펼칠 수 있게 해준 아름다운 순간들이다.

젊은 프랑스인 루카 드바르그는 열한 살에 처음 피아노를 배웠다. 그러나 열여섯 살이 되어서는 친구들과 놀기 위해 피아노 수업을 듣지 않았다. 몇 년 후, 그는 친구들과 식사를 하다가 흥을 돋우기 위해 어린 시절의 기억을 되살려 피아노를 연주했다. 그날 그에게 피아노는 취미 이상으로 다가왔고 피아니스트가 되어야겠다고 생각했다. 그는 다니던 학교를 그만두고 음악원에 들어갔다. 그리고 즉흥적으로 차이코프스키 피아노 콩쿠르에 참가하기로 결심했다.

놀랍게도 그는 예선전에 선발되었다. 파리에 있던 피아노 선생님은 급하게 비행기에 올라타 모스크바로 직행해 그와 만났다. 그는 건반에 손가락을 제대로 놓는 법도 몰랐고 연습에 꾸준히 참여하지도 않았다. 그러나 언제나 마음을 다해 연주했다.

드바르그는 본선에서 4등을 했고, 조예 깊은 음악 애호가들의 찬사를 받았다. 그가 1등을 했어야 한다고 말하는 사람들도 많았다. 그 후 그는 오늘날 가장 위대한 피아니스트의 대열에 올라섰다. "어떻게 그럴 수 있었죠?" 전 세계 언론이 그에게 던진 질문이었다. 그의 대답은 언제나 같았다.

"어떤 곡을 완벽하게 연주하려면 음악에 나의 전부를 쏟고 희생해야 한다고들 생각합니다. 그리고 연주자는 '내가 연주를 얼마나 잘하는지 보세요'라며 자신을 전면에 내세우죠. 그러나 그 말에서 음악은 전혀 찾아볼 수 없습니다. 연주를 할 때 무슨 일이 벌어질지 전혀 알 수 없는데도 말이죠."

드바르그는 진짜 자신이 되었다. 다시 말하면, 진정한 나르시시스트가 되는 데 성공했다. 그는 내면의 목소리에 귀를 기울였고 자신의 재능과 자기 안에 깃든 음악을 깨달은 것이다.

객관적으로 보면 그가 수상하지 못하리란 것은 분명했다. 하지만 나르시시즘과 자신에 대한 확신으로 무장한 그는 과감히 콩쿠르에 참가했다. 그는 자기 자신보다 더욱 위대한, 드러나지 않은 진짜 자신을 신뢰한 것이다. 그리고 음악을 위해서가 아니라 자신을 위해 연주했다. 그는 스스로를 의심하지 않고 자신의 빛을 발산했다.

아무런 이유 없이 자신을 신뢰하는 데 익숙해지면 감춰진 진짜 자신의 모습이 조금씩 나타난다. 그러기 위해서는 기존 관념, 다른 사람들이 나에게서 기대하는 것을 거부하고, 나의 길을 가게 해주는 내면의 무언가에 귀를 기울여야 한다. 그리고 그게 무엇이 됐든 세심히 들을 만한 가치가 있다고 인정해야 한다.

가지 못한 길 또는 가지 않은 길

⟡

열일곱 살 때였다. 나는 그때 신문을 만들겠다는 야심 찬 아이디어가 있었다. 그리고 이 아이디어는 반 전체의 프로젝트가 되었다. 반 아이들 각자 자기가 원하는 대로 신문 만들기에 기여했다. 어떤 친구들은 뉴스를 분석했고, 학교생활에 대해 쓴 친구들도 있었다. 나는 문득 궁금했던 유명인들의 인터뷰를 신문에 실으면 좋겠다는 생각이 들었다.

나는 어설픈 단어로 내 희망을 피력하며 사람들에게 편지를 보냈다. 예상과 달리 여러 명이 답장을 해주었고, 클로드 시몽(프랑스 소설가)과 알랭 로브그리예(프랑스 소설가, 영화감독), 피에르 술라주(프랑스 화가, 판화가, 조각가)가 만나주겠다고 했다. 청년 시절을 통틀어 가장 흥분했던 순간이었다.

내가 무척 존경했던 화가 피에르 술라주는 작업실로 나를 초대했다. 나는 그에게 나도 그림을 그렸다고 말했다. 무엇이 그를 움직였는지 모르겠지만 그는 우리 집에 와서 내 그림을 보고 몇 가지 조언까지 해주었다.

그를 다시 본 건 20년 후 다른 인터뷰에서였다. 유명 잡지사의 의뢰로 진행한 인터뷰였다. 그는 "당신을 보니 생각나는 사람이 있네요. 우리 만난 적 있지 않나요?"라고 말했고 나는 무척 놀랐다. 나는 우리가 처음 만났을 때를 얘기했고, 그는 우리 집에 왔던 일을 기억했다.

우리는 감춰진 자기 자신에게 가는 길을 애써 피하곤 한다. 그 단순함을 모르기 때문이다. 더구나 이 길을 가는 데 특별한 기교는 필요하지 않다. 남의 도움을 통해 나에게 다다를 수 있는 것도 아니다. 다른 이와 나 자신에게 나를 활짝 여는 것만으로 그 길에 들어설 수 있다.

나를 긍정할수록
나는 아름다워진다

"나르시시즘이 널리 퍼지면 모든 존재는 꽃으로 변하고
모든 꽃은 자신의 아름다움을 깨닫게 될 것이다."
—가스통 바슐라르

할머니는 97세까지 사셨다. 마지막 몇 년은 요양원에서 지냈다. 자녀들은 할머니를 전담해줄 도우미를 고용하여 일주일에 한두 번 미용실에 모시고 가 머리와 손발톱을 손질하게 했고 같이 장을 보러 다니도록 했다. 할머니는 언제나 완벽하게 몸단장을 해서 늘 우아하고 세련된 모습이었다.

도우미의 존재와 그녀가 해주는 사소한 관리들은 할머니가 임종하는 순간까지 생의 활력과 계속 살아갈 의지를 북돋는데 큰 도움이 되었다. 매니큐어를 칠하거나 머리를 손질하면 할머니는 한결 기분이 좋아졌다. 스스로를 가꾸면서 할머니는 자신에 대한 신뢰를 되찾았다.

나는 할머니를 뵈러 갈 때마다 "할머니 정말 예뻐요"라고 말했다. 할머니를 기쁘게 하려고 거짓말을 한 것이 아니다. 할머니는 정말로 아름다웠다. 몸은 이제 말을 듣지 않았고, 눈동자 색은 너무 옅어졌고, 주름은 깊게 파였지만 얼굴에서 빛이 났다. 할머니도 내 말이 사실이란 걸 알았다.

우리는 보편적인 기준에 해당하지 않는 사람을 보면서도 아름답다고 느낀다. '저 사람이 왜 아름답지?'라는 의문을 품지 않고 그대로 수긍한다. 그들이 너무 늙었건, 너무 작건, 코가 크건, 몸무게가 많이 나가건, 우리가 결점이라고 부르는 기준을 넘어 그들은 아름답다.

미용사인 친구는 수년째 환자들에게 화장하는 법을 알려주는 봉사활동을 한다. 대부분 여성 환자들이 대상이었지만 암 환자인 남성들도 간혹 있었다. 친구는 머리 손질을 해주고 난 후, 환자들의 시선이 빛나는 것을 보면 깜짝 놀란다고 했다.

"그들은 자신을 바라보고 스스로를 아름답다고 생각해. 태도나 표정이 변하면서 실제로 자신이 아름답다는 걸 깨닫는 거야. 후유증 때문에 힘든 몸이나 완벽하지 않은 생김새 같은 걸 떠나서 말이지. 거울에 비친 자기 모습을 보면서 미소를 짓는데, 마치 자기에게 '안녕!'이라고 말하는 것만 같아. 그렇게 자신과 화해를 하고 병실로 돌아가. 아주 활기차게 말이야. 살고 싶다는 강렬한 의지를 새로 장착한 것만 같다니까!"

지키고 싶은 아름다움은 따로 있다

⊹

항상 아름다웠던 할머니의 모습과 미용사 친구의 얘기는 되새겨볼 가치가 있다. 우리의 문화와 역사, 도덕은 멋을 부리는 게 잘못된 것이며, 자기 모습을 거울에 비춰 보는 행위는 허영이자 곧 악이라는 공식을 만들어버렸다. 때로는 내면의 아름다움에 집중하겠다는 의지로 외적으로 가꾸는 일을 그만두기도 한다.

우리는 내적인 아름다움과 외적인 아름다움이 양립할 수 없다고 생각한다. 마치 한쪽이 다른 한쪽에 그늘을 드리운다고 여기는 것이다.

할머니는 96세에도 매니큐어를 바르고 머리 손질을 했다. 그게 잘못일까? 할머니는 나이를 속이려고 하지 않았다. 오히려 자랑스러워했다. 할머니가 빨간 립스틱을 발랐던 이유는 주름살을 숨기려는 게 아니라, 옛날만큼 싱그럽지는 않아도 여전히 아름다움이 가치 있다고 생각했기 때문이다. 그러므로 다른 사람을 유혹하려는 의도 역시 전혀 없었다. 또한 화장을 하면서 다른 사람으로 꾸미거나, 다른 사람이 되려고 하지 않았다. 단지 자신의 장점을 강조하여 자기 자신을 드러내고자 했다. 할머니는 다른 사람이 아니라 자신을 위해서 스스로를 아름답게 가꿨다. 할머니의 선택은 전적으로 옳았다.

소소하지만 확실하게 내 삶을 존중하는 법

✢

육체와 정신, 물질과 영혼, 부차적인 것과 본질적인 것으로 나누어 생각하는 이분법적 사고는 세계를 두 진영으로 분리했다. 그리고 두 진영 사이에는 넘을 수 없는 깊은 도랑이 가로막고 있다. 한쪽에는 자신의 육체에 현혹된 '나르시시스트'들이 있고, 다른 쪽은 귀중한 시간을 꾸미는 데 허비하지 않는 '진지한 자들'이 있다.

예를 들어, 샤론 스톤이 첫 번째 나르시시스트 그룹에 속한다고 했을 때, 그녀가 믿을 만하고 똑똑한 사람으로 보이는가? 그렇지 않다. 우리는 왠지 두 번째 그룹의 진지한 자들을 더 신뢰한다. 그들이 신뢰를 받을 만한지 판단도 하지 않는다.

이처럼 괴상한 이분법은 우리를 불행하게 만든다.

나는 몇 년 전부터 진행하는 여러 명상 세미나에서 참가자들과 이 문제에 대해 토론했다. 무엇이 자신에게 유익하고 '나'라는 존재를 되찾게 해주며 자신 안에 생명력을 움트게 만드는지 물으면 참가자들은 뭔가 대단한 답을 상상한다.

이를테면 히말라야 산꼭대기에서 세 달 동안 칩거하며 명상하는 일, 지식 전달이라는 과업에 나를 쏟아붓는 일, 다른 이를 위해 희생하는 일 같은 것을 기대한다. 그러나 내가 제안하는 답은 훨씬 더 사소한 일이다.

피곤한 하루를 마치고 따뜻한 물로 샤워를 하면 몸과 마음이 상쾌해진다. 공원을 걸으며 꽃향기를 맡으면 행복해진다. 마사지 테이블에 올라가 전문 마사지사의 손에 몸을 맡기면 새로 태어나는 듯한 놀라운 평안함을 맛본다. 새 재킷에 어울리는 넥타이를 신중하게 골라 매고 거울을 보면 만족스런 모습에 마음이 즐거워지고 나를 신뢰하는 마음이 더욱 커진다.

이처럼 나는 내 삶을 살찌우기 위해 사소한 일들로 나를 가꾸고 돌본다. 나라는 존재는 정신만으로 이루어져 있지 않고 육체에 불과한 것도 아니다. 정신과 육체를 아우르는 존재이다. 이 중 어느 한쪽을 경시하면 내 안의 인간다움은 제대로 발현되지 않는다.

아름다움은 따라할 수 없다

✛

성형수술을 너무 많이 해서 자신의 원래 모습을 찾을 수 없을 정도로 변해버리고, 너무 화장을 짙게 해서 분장을 한 듯한 사람들을 매일 길에서 마주친다. 소비에 대한 열망에 사로잡힌 이들은 매혹적인 모습, 꿈의 이미지를 좇아 달리고 또 달린다.

이들은 완벽하다고 생각하는 이미지를 좋아하고, 자신을 좋아하지 않는다. 누군가를 닮고 싶을 뿐 자신에게서 사랑스러운 구석을 하나도 찾지 못한다. 이들이 이런 고통을 겪는 이유는 자기 자신을 만난 적이 전혀 없기 때문이다.

이들과 달리 프랑스의 사상가 몽테뉴는 나르시시즘의 훌륭한 예를 보여주었다. 몽테뉴는 '자신의 반백 머리'를 좋아한다고 진지하게 말했는데, 그 이유는 흰머리도 자신의 것이기 때문이라고 한다. 또한 그는 '우리가 자신을 경멸하는 것은 자연에 반하는 것이다'라고 담담하게 써내려갔다. 나는 그 말에 감동을 받는다.

나를 좀 더 나은 사람으로 느끼기 위해 나를 가꾸는 사람은 나르시시스트이다. 이들은 다른 이들을 놀라게 하려고 자신을 가꾸는 것이 아니다. 어차피 다른 이에게 놀라움을 주는 이상적인 사람은 다른 곳에 존재한다. 내면의 목소리를 들을 때,

이미 존재하는 나만의 아름다운 특성을 발견할 때, 그리고 그걸 드러내도록 애쓸 때, 나는 나를 쇄신하려 애쓰는 나르시시스트다.

배우나 가수처럼 멋져 보이려고 미용실에 가는 것이 아니라 더욱 나다워지기 위해 미용실에 간다면 나르시시스트다. 아침마다 거울에 비친 내 모습이 아름답다고 깨닫고 그러한 사실 때문에 발그레하게 상기될 때 나는 나르시시스트다.

나를 긍정할수록 나는 아름다워진다

몇 년 전에 조금씩 살이 오르더니 급기야는 10킬로그램이나 쪄서 몸이 몹시 무거워진 적이 있었다. 나는 온갖 다이어트를 시도했다. 그러나 다이어트를 하고 며칠이나 몇 주가 지나면 또다시 군것질거리에 빠져들어 후회하곤 했다.

어느 날 아침, 샤워를 하는데 문득 내가 내 몸 때문에 행복하지 않다는 사실을 깨달았다. 그 순간 정신이 번쩍 들었다. 무거워진 이 몸은 내게 맞지 않았다. 그게 전부였다. 나는 나를 위해 습관을 다시 들이는 것부터 시작하기로 했다. 그리고 순수한 나르시시즘에 힘입어 10킬로그램을 감량했다.

'해야만 한다'는 강박을 느끼며 억지로 다이어트를 한 것이 아니라 내게 옳은 일이었기 때문에 '당연히 해야 한다'고 생각했다. 스스로를 다그치거나 고문하지 않았다. 단지 내가 느끼는 것에, 먹는 음식에, 내가 살아 있음에 관심을 기울였다. 그러면서 내 몸, 내 감정, 나 자신을 위해서라도 더욱 내게 다정해져야 한다는 사실을 배웠다. 다이어트를 했던 그 몇 주 동안 매우 즐거웠다.

나는 매사에 서투른 내 성향을 포함한 나의 모든 면에 익숙하다. 객관적으로 나의 외모가 출중하지 않더라도 나는 나를 사랑하고 나를 가꾼다. 내가 나에게 '그렇다'고, '정말 그렇다'고 말했을 때부터 신기하게도 내 외모는 점점 나아졌다. 나를 긍정하는 마음은 나를 자유롭게 하고, 나를 치유한다.

5장

괜찮아,
네가 나를
좋아하지 않아도

'우리' 뒤에 숨지 말고
'나'에 대해 얘기해

"나는 생각했던 것보다 훨씬 많은 가능성을 지닌,
훌륭한 사람이었다. 나에게 이렇게
장점이 많았다는 걸 미처 알지 못했다."
—월트 휘트먼

우디 앨런의 영화 〈젤리그〉에 등장한 인간 카멜레온 젤리그는 우리 시대를 상징하는 인물이다. 그는 초능력으로 뚱뚱한 사람들과 있을 때는 뚱뚱해지고, 흑인들과 있을 때는 흑인이 되고, 가톨릭 주교와 있으면 같이 주교가 된다. 그래서 그는 나치, 랍비, 권투선수, 재즈맨, 마피아 등 늘 다른 이가 된다.

"다른 사람처럼 되는 게 안전해! 나는 사랑받고 싶다고."

그는 신체와 정신을 바꿀 수 있는 이상한 능력에 대해 묻는 사람들에게 비탄에 젖어 얘기한다. 그는 결코 '나'라고 말하지 않고 늘 '우리'라고 말한다. 그의 유일한 목적은 사회가 그에게 부여하는 역할로 탈바꿈하는 것이고, 유일한 두려움은 사람들에게서 배척당하는 것이다. 의사들은 그의 증상에 관심을 보였고, 한 정신분석의가 병의 원인을 찾아낸다. 그의 병은 극심한 애정결핍이었다.

우리는 자기중심적이라고 명성이 자자한 '나'를 없애고 겸양의 표현인 '우리'를 쓰라고 배우고 가르쳤다. 우리는 집단 정체성과 우리를 보호하는 무리 뒤에 숨어 예의바름과 신중함이란 구실을 대며 스스로를 은폐한다.

생각하는 것은 '내'가 아니고 '우리'다. '내'가 보지 않고 '우리'가 본다. '우리'라는 건 대단히 신성한 가치지만 객관적으로 보면 개별저인 사람들이 함께 보조를 맞추게 하는 보증수표이자 완전한 허상일 뿐이다.

명상을 공부하는 많은 사람들이 '나'라는 것을 죽어야만 하는 치욕스러운 자아이자, '무(無)'로 돌아가야 하는 존재, 고통을 주는 주체라고 인식한다. 박사 논문을 쓸 때 나 역시 '우리'라는 인칭을 사용했다. 논문에서 '나'라는 인칭을 쓰는 건 생각할 수도 없다. 나는 '우리'라는 틀이 내 생각을 펼치지 못하도록 얼마나 많은 방해를 하는지 깨닫기까지 오랜 시간이 걸렸다.

스스로 생각하고 스스로 철학하는 일

✛

내가 말하는 '나'는 짐짓 꾸며낸 '나', 공인이나 정치인이 아무 것도 말하지 않기 위해 내뱉는 '나'를 말하는 게 아니라, 살아 있고 움직이는 진정한 '나'를 말한다. '나'라고 쓰는 건 시인들에게 주어진 특권이라고들 한다. '나'는 마치 소수자들의 전유물이 되었다.

그러나 지엽적이라고 여겨지는 일에서는 '나'라는 말이 자주 쓰인다. 뉴스에 나오는 거리 인터뷰를 예로 들 수 있다. 이때 행인들의 얘기는 전문가나 다른 학자들의 현학적인 의견과는 대조적으로 그다지 중요하지 않은 의견처럼 여겨진다.

나는 행인들의 짧은 인터뷰를 세심하게 읽고 보고 들었다. 그들의 말은 진심에서 나오며 매우 구체적이다. 책에서 지식을 끌어낸 수많은 이론가들의 지루한 논평보다 훨씬 더 진실에 가깝다.

나 역시 책을 통해 공부했다. 대학 시절, 철학 수업에서 사용하던 기술적 방법이 너무 지루해 몇 년 동안 무척 괴로웠다. 철학 개념은 지성만 요구했고, 철학 주제는 현실 도피처럼 실생활과 단절되어 적용이 어려웠다. 나는 철학이 말하는 것을 내 나름대로 상상하는 수밖에 없었다.

그러다가 나만의 안경을 끼고 소크라테스를 읽게 되었다. 나는 그를 따라 광장으로 쏘다니며 그가 사람들과 대화하며 자기 자신과 만날 수 있도록 돕는 것을 지켜보았다. 그는 철학의 핵심인 '나'에게 다시 집중하여 관념의 세계와 조화를 이룰 수 있도록 했다. 그리고 내가 나 자신과 대화하며 생각하는 법을 가르쳤다.

결국 나는 '나'와 내가 지닌 독특함 덕분에 '우리'와 위대한 철학 이론들을 배우게 되었다. 그리고 '나'라는 개별적인 존재에 걸맞은 현미경으로 들여다본 후에야 보편성을 이해했다. 소크라테스는 나를 나르시시즘으로 이끌어주었다. 그는 내게 읽는 법도 가르쳤다. 읽는 것은 정보를 습득하는 것이 아니라 텍스트에게 질문하고, 함께 모험을 떠나고, 텍스트가 우리에게 건네는 말을 듣고, 이를 통해 우리를 바꾸는 행위라는 걸 깨달았다.

나르시시즘 없는 철학은 독이다. 나르시시즘 없는 문학은 독이다. 나르시시즘 없는 영화는 독이다. 그런 철학과 문학 그리고 영화는 나를 살아 있는 존재로 만들지 않는다. 나는 온갖 지식을 늘어놓으며 인생에 대해 설교를 해대는 박식한 원숭이들을 알고 있다. 그들은 미치도록 지루하고 듣는 자의 심장에서 열정과 삶의 의지를 용솟음치게 하는 법을 모른다.

오로지 나만 느낄 수 있는 세계

✦

나는 소설을 읽고 영화를 본다. 아무 소설이나 영화가 아니라 내가 존재하는 데 도움을 주는 위대한 소설과 영화들이다. 이런 소설이나 영화의 특성은 무엇일까? 바로 개인의 이야기를 다룬다는 것이다. 평범한 아주머니나 아저씨, 엠마 보바리, 고리오 영감 같은 인물이 등장해 들려주는 자신의 이야기, 이것이 바로 인간의 이야기다.

나는 사진에 심취하여 한때는 대학에서 사진을 가르치기도 했다. 어느 날, 학생들에게 개인 작업을 해오라고 과제를 냈다. 그리고 '개인' 작업이라는 말을 다시 한 번 강조했다.

그러나 학생들이 제출한 사진은 어디에서나 볼 수 있을 법한 작품이었다. 공들여 찍었지만 개성이 없는 '우리'의 사진이었다. 구도는 잘 잡았으나 사진 안에는 아무런 의미도 담겨 있지 않았다.

다시 제출할 것을 요구하자, 학생들은 다른 사진을 가져왔다. 아무도 관심 없을 거라고 생각하며 숨겨둔 사진들이었다. 사진 속에는 그들 자신이 고스란히 담겨 있었다.

그중에서도 오로지 나무만 찍은 사진을 제출했던 학생이 기억난다. 내가 받은 사진에는 아름드리 참나무와 백 년 이상

된 올리브나무가 찍혀 있었다. 필름에는 내면적인 분위기가 물씬 풍기는 다른 사진들도 많았다. 전부 나무를 찍은 사진이었다. 학생은 자기가 찍은 사진들을 통해, 부담스러울 정도로 '나'에 대해 말하고 있었다. 그는 내게 사진 작품이라고 하기에는 너무나 개인적인 작업이라고 여러 번 강조했다.

그는 '나'라는 건 너무 평범해서 흥미를 끌 만한 요소를 찾을 수 없으며, 자기 사진들은 전혀 뛰어나지도, 지적이지도 않다고 생각했다. 그러면서 자신의 감정이나 감각보다는 아이디어를 표현하고 싶어 했다.

하지만 아이디어는 결코 독창적이지 않다. 내가 생각한 것은 수백만 명의 사람들도 생각한다. 그러나 내가 느끼는 것은 다른 누구도 똑같이 느끼지 않는다. 인간다움에 이르기 위해서는 집단과 추상적인 사고를 떨쳐내야 한다. 그래야만 자신의 독창성을 표현할 수 있다. 관점이 완전히 뒤집히자 학생들이 자신이 가지고 있던 거대한 재능을 비로소 풀어놓을 수 있었듯이 말이다.

나는 완벽하지 않으므로 훌륭하다

✣

자신의 천재성을 드러내기 위해 학자가 될 필요는 없다. 천재성은 지식에서가 아니라 자신이 느끼는 것에서 발현되기 때문이다. '나는 훌륭하다'는 말은 내가 완벽하다거나 다른 사람보다 뛰어나고 똑똑하며 인기가 많다거나 더 좋은 학위를 가지고 있다는 걸 의미하지 않는다.

재봉사였던 할아버지는 훌륭한 사람이었다. 두 손가락 사이에 바늘을 들고 천 위에서 바늘을 춤추게 할 때 그의 천재성은 유감없이 발휘됐다. 할아버지는 학교에 다닌 적이 한 번도 없었다. 프랑스어도 제대로 말하지 못했다. 그러나 직업을 통해 자신의 재능을 마음껏 펼치며 사는 법을 알았다.

나는 훌륭하다. 인간이라면 누구에게나 주어진 천재성이 내게도 있기 때문에.

나는 훌륭하다. 사과파이를 맛있게 만들고, 경청하거나 글쓰는 능력이 출중하고, 이야기를 전달하거나 가르치는 능력이 있고, 뛰어난 솜씨를 개발하면서 나의 천재성을 표현할 수 있으므로.

나는 훌륭하다. 이 지구에 살아서, 완벽하지 않아서, 세상의 표준에 부합하지 않아서.

나는 훌륭하다. 나 그대로의 나여서, 세상에 단 한 명뿐인 유일한 존재여서, 나를 신뢰할 수 있기 때문에.

나르시시즘은 영화 속 젤리그가 되어가는 위험으로부터 우리를 구해준다. 가장 두렵고 놀라운 것은 우리가 이미 미끄러운 경사지에 있다는 사실조차 깨닫지 못한다는 점이다.

생산성 논리에 길들여진 우리는 어릴 때부터 '나'여서는 안 된다는 사회적 요구에 순응하며 살아왔다. 학교 교육은 아이들 개개인에게 맞춰져 있지 않고, 오히려 아이들에게 맞추라고 요구한다. 회사에서는 개인이 연합하여 일하는 것을 달가워하지 않는다. 조화를 이뤄야 한다는 명목 아래 직원들을 속박하여 개성이 드러날 수 있는 요인들을 지운다.

'나'는 자만하지 않는다. "안녕하세요?"라고 말을 건네기 무섭게 자기 자랑을 해대는 사람과는 전혀 다르다. 그런 사람의 말을 들어보면 공허하고 알맹이도 없으며 똑같은 이야기만 끊임없이 되풀이한다는 걸 알 수 있다.

그들은 자기 자신에 대해 이야기할 때조차도 실제로는 자기 자신을 대면하거나 건드리지 않기 위해 말한다. 자기로부터 도망치고 스스로에 대해 말하지 않기 위해 말한다.

이러지 마, 나 좋은 사람 아니야

나는 '우리' 뒤에 숨어 있다

✛

미국의 사회심리학자 제임스 펜베이커는 '나'와 '우리'라는 인칭 사용에 대해 집중적으로 연구했다. 사적 대화, 공적 대화, 정치나 과학 관련 담화, 가정에서 어머니가 사용하는 말, 연예인의 말 등 온갖 종류의 대화 수만 건을 분석했다. 그의 보고서는 뜻밖의 결과를 보여주었다.

> 우리는 자기중심적이고 자기 우위적인 사람들은 1인칭으로 자신을 지칭할 거라고 생각한다. 그러나 그 생각은 틀렸다.

펜베이커는 이들이 은폐의 특성을 지닌 '우리'를 사용하는 버릇이 있다고 말한다. 사실, '나'라는 호칭을 사용할 때는 거짓말하기 훨씬 더 어렵다. '나'라는 단어가 스스로를 온전히 드러내고 진실을 말해야 한다고 외치고 있기 때문이다.

이와 더불어 '나'라는 말은 내 존재의 개성과 진실성을 건드리며, 나와 '나'라는 호칭을 사용하는 자들이 품고 있는 인간성을 움직인다. 우리 모두는 '나'와 연관되어 있고, '나'에게서 벗어날 수 없다. '나'는 감정을 표현할 때만 사용하는 호칭이 아니다. '나'는 우리를 미지의 세계로 이끌어 간다.

농부는 자기 안에 있는 '나'를 통해 감자 농사의 열정을 꽃 피우게 되었고, 철학 교수는 자기 안의 '나' 덕분에 철학에 대한 사랑을 품을 수 있었다. 편집자는 과거의 '나'를 통해 출판계로 들어섰다.

'나'는 나 자신과 다른 사람에게 열중하도록 만든다. '나'는 감동하고, '나'는 내 존재를 표현하며, '나'는 나를 해방시킨다. 그리고 '나'는 경청하기 위해 조용히 귀 기울이는 사람들 앞에 당당히 선다.

'나'라고 자신을 지칭하는 사람은 여전히 많지 않다. 개인은 보편성을 전제로 익명을 보장한다고 여기는 '우리' 뒤에 여전히 숨어 있다. 그러나 나는 보편적이지 않다. 다른 사람과 관계를 맺는 유일무이한 존재다.

가짜 이미지에 갇혀 사는 사람들

✥

정치적 무관심과 사회적 위기, 낮은 투표율, 욕구와 열정의 결여는 '나'를 회피하는 데서 비롯된다. 우리 사회는 나르시시즘이 부족하다. 그러나 공교롭게도 나르시시즘이 부족해지자 악성 나르시시스트라고 불리는 자들이 늘어나기 시작했다.

이들은 나르시시즘을 극단적으로 변질시킨 자들이다. 이 현상은 새로운 것이 아니다. 원래 악성 나르시시스트란 연쇄살인범이나 사이코패스를 가리켰다. 이들은 감정, 인간성, 나르시시즘과 단절된 자들이며, 희생자들의 감정이나 인간성을 느낄 수 없다.

입고 있는 제복이 자신의 유일한 정체성이라고 생각했던 나치의 군인들은 진정한 자신과 단절되어 있었다. 그들이 저지른 중대한 전범은 타락한 나르시시즘의 모습을 보여준다. 나르시시스트라고 불리는 악인들은 자신의 이미지를 스스로가 원하는 이상적인 모습으로 쌓아올렸으나 그 모습은 현실과 전혀 부합하지 않고 거짓으로 점철되어 있다. 그럼에도 그들은 자신의 이미지에 매혹되어 진짜라고 믿으며 살아간다.

이처럼 만들어낸 이미지는 자신의 진짜 모습이 튀어나오지 못하게 방어하는 성벽이다. 그렇게 자기 자신과 자아와의 관계는 끊어진다. 그들에게 남은 건 가짜 이미지뿐이고, 그 이미지를 통해 자신을 보호한다. 스스로 만들어낸 이미지의 '나'는 추상적이므로 폭력적이다.

그들이 다른 사람과 관계를 맺는 이유는 사람들을 이용하여 자신의 이미지를 견고하게 만들기 위해서다. 그들은 이 유일한 목적에 전념하며, 누군가 자신의 이미지를 위협한다면 그 사람을 파괴할 준비가 되어 있다.

그들은 다른 사람에게서 약점을 찾아내고, 그 사람을 더 잘 조종하고 지배하기 위해 약점을 이용한다. '당신을 사랑해'라고 말하기도 하지만, 그건 자신의 이미지를 방어하는 게 가능할 때만 국한된다. 그들은 어떤 리스크도 받아들일 생각이 없다.

하지만 인간이 된다는 건 리스크를 감수하는 것이다. '나'는 거절당할 위험을 늘 안고 산다. 그럼에도 '나'라고 말하는 건 자신의 욕구, 갈망, 계획, 문제점과 함께 자신을 고스란히 인정받을 수 있는 유일한 기회다.

괜찮아, 네가 나를 좋아하지 않아도

✛

내가 그동안 배운 건, '나'라고 말하는 것과 '나' 자신이 되기를 거부한 자는 모두 멀리해야 한다는 사실이었다. 용감하게 '나'라고 말하자. '나'는 부끄러운 말이 아니다. '나'라고 말하면, 마술처럼 자유를 얻을 수 있다.

나는 내가 느끼는 것을 듣고, 내가 느끼는 것을 인정하고, 내가 느끼는 것과 '나'라는 사람을 신뢰하고 그러한 사실을 표현한다. '나'는 내면에 감춰진 것이 아니다. '나'는 인간적이다. 나와 타인의 마음을 움직이고, 인간성을 움직인다. 내가 감히 '나'일 때, 다른 사람이 내게 '아니'라며 반대해도 나는 마침내 이해받은 것이다.

나 역시 아직은 '나'라고 항상 말하지 못한다. 그리고 완벽하게 '나'라고 말하는 날이 빨리 오지는 않을 것이다. 꾸준히 완성해나가야 할 작업이기 때문이다.

'나'라고 말할 때는 진실이 담겨야 한다. 그러므로 더욱 조심스러워진다. 때로는 나를 드러내고, 내가 느끼는 것과 생각하는 것을 있는 그대로 상대에게 말하는 게 두렵다. 나를 드러내면 거부당할까 봐 겁이 난다. 그러나 경험에 의하면 대부분 그 반대였다.

내가 느끼는 것을 착각할 때도 있다. 때로는 아무 잘못도 저지르지 않았는데 부끄러워하고 사과를 한다. 강연을 하다가 모두에게 대답할 시간이 없어서, 편지를 보낸 모든 사람에게 답장하지 못해서, 내가 줄 수 있는 모든 것을 주지 않아서 부끄러울 때도 있다.

우리는 너무 많은 걸 하려고 한다. 우리에게는 이미 많은 일을 했을 때, "더는 할 수 없어"라고 말할 권리가 있다. 모두가 나를 사랑하거나 나를 높이 평가하는 건 불가능하다. 나는 그 사실을 인정하려고 노력하고 있으며 여전히 배우는 중이다.
나는 내가 '나'이기 때문에 행복하다. 용기를 내어 내가 '나'임
을 인정하자.

이러지 마, 나 좋은 사람 아니야

나에게 집중하는 힘

"저항은 스스로 옳다고 느끼지 않는 한 일어나지 않는다."
—알베르 카뮈

우리는 살면서 수많은 영웅을 만난다. 나 역시 영웅 한 명을 알고 있다. 그를 만난 건 몇 년 전이었다. 그 당시 대기업 임원이었던 그는 근무시간 외에는 자신에 대한 깊은 회의감에 사로잡혀 있었다. 자신이 별 볼 일 없는 사람이라는 생각을 달고 살았고 자신감은 점점 떨어졌다.

어느 날, 수학 숙제를 도와달라는 조카의 요청에 딱 부러지게 대답도 못 하고, "나는 가르칠 줄 몰라" 하며 얼버무리다가 결국은 조카를 가르치기 시작했다. 그리고 일 년이 지났을 때 자신이 공부를 가르치는 데 꽤 소질이 있다는 사실을 깨달았다. 그 후, 매주 토요일마다 어려운 형편에 있는 아이들을 돕기 위한 단체에서 활동했다. 자기 시간을 조금 내주었을 뿐이었는데도 넘치는 사랑을 받았다. 그는 이 일을 통해 자기 자신을 발견했다.

얼마 전에 만난 그에게서 예전의 모습은 찾아볼 수 없었다. 여러 활동에 자발적으로 참여하면서 부쩍 활기를 띤 모습이었다. 처음에는 초등학생들의 공부를 돕다가 이제는 문맹인 성인들도 가르친다고 했다.

그는 자신을 신뢰하기 시작했고 자신감을 찾았다. 과감하게 말하고, 과감하게 행동하며, 과감하게 자기 자신이 되었다. 그건 스스로를 극복하는 문제가 아니었다. 극복할 이유도 없었다. 나르시스처럼 거울에 비친 자신의 참모습을 보았고, 자기 안에 다른 이에게 나눠줄 수 있는 능력이 있다는 걸 깨달은 것이다. 그는 스스로를 인식하면서 자기 자신과 진실한 관계를 맺었다. 자기 자리를 발견했기에 더는 그 자리를 놓치지 않았다.

사회의 진짜 비극은 나르시시즘의 부재

우리가 '자기밖에 모른다', '너무 이기적이다'라며 앵무새처럼 반복하는 말은 우리 사회의 지배적인 담론이 되었다. 하지만 우리 사회의 비극은 사람들이 너무 이기적이지 않기 때문에 일어난다. 왕들이 즐비한 사회가 아니라 감히 왕이 되지 못하는 병에 걸려 위축된 사람들로 이루어진 사회다. 우리 사회의 진짜 비극은 나르시시즘의 부재이며, 나르시시즘을 부끄러워한다는 것이다.

나는 노동자, 야심가, 게으른 사람, 친절한 사람 같은 하나의 정체성에 달라붙은 채 살지 않으려 나르시시스트가 되었다. 이전에는 나만의 고유한 특성을 비정상이라고 생각했었다. 그리고 이 약점을 극복하려고 나르시시스트가 되었고, 그제야 나는 내가 훌륭한 사람임을 깨달았다.

나는 이기주의자도 게으른 사람도 아니었다. 다만 껍데기 안에 갇힌 채 자기 자신으로 살아가지 못했을 뿐이다. 스스로 가난하다고 생각했으나, 내 안에 있는 수많은 가능성을 발견했고, 나의 부유함을 깨달았다. 나는 수동적으로 떠밀려가는 것을 그만뒀다. 그리고 내 안에서 발견한 것에 따라 충실히 살기 시작했다.

나르시시스트가 되고 난 후, 오히려 다른 사람을 돕는 삶을 실천하며 살아야 한다는 생각이 들었다. 다른 이에게 가기 위해 자신의 알을 깨고 나오는 것은 인간 존재의 자연스러운 움직임이자 나르시시스트의 내밀한 움직임이다. 아리스토텔레스가 말했던 것처럼 우리는 근원적으로 관계 지향적인 존재가 아닌가!

명상이 사람들의 관심을 끌지 않던 시기에, 문득 나를 완성하려면 명상을 전수할 필요가 있다는 생각이 들었다. 이런 욕구를 깨닫자 두려움과 의심이 몰려왔다. 하지만 나는 엄습하는 두려움을 인정했다. 내게는 두려워할 권리가 있으며, 두려움의 소리를 들어야 하며, 이 두려움조차 성장하기 위해 빠질 수 없는 한 부분이라 사실을 받아들였다. 나는 스스로에게 충실하기 위해 노력했고, 내게 있는 걸 다른 이들에게 많이 주었고 또 돌려받았다.

'기여'라는 말에서 우리는 희생의 의미만을 생각한다. 자신의 일에 전적으로 몰두하는 교사, 공무원, 사장 등은 희생한다는 생각만으로 움직이지 않는다. 기여를 통해 누릴 수 있는 성취와 행복과 충만함으로 움직인다.

나의 가능성을 마음껏 시도하는 삶

✛

가장 가난한 자들을 돕기 위해 기꺼이 자신을 내던진 피에르 신부와 마더 테레사는 그들의 행동을 희생이 아닌 도약이라고 생각했을 것이다. 그들은 꿈꾸던 이상을 이루기 위해 움직였고, 이를 통해 자신을 만났으며, 자연스럽게 세상에 자신을 열었다. 피에르 신부나 마더 테레사는 만일 누군가가 그들이 나르시시스트의 자질들을 가졌다고 얘기한다면 깜짝 놀랄 것이다. 그러나 그들은 그랬다.

더 좋은 세상을 만들고자 갈망하는 모든 이들은 자신을 깊이 사랑한다. 그들은 위험을 감수할 준비가 되어 있으며, 세상의 요구에 굴복하기보다 자신에 대한 확신을 더욱 공고히 할 만큼 자신을 사랑한다.

나 자신에게 몰두하면서 나는 '나탄(natan)'의 의미 그대로 살 수 있었다. 나는 내게서 나오기 위해 내 안으로 들어가고, 나를 움직이고 앞으로 나아가게 하는 욕구와 만나며, 이로부터 나 자신을 세상 앞에 열어젖힌다. 나는 자유롭고, 나를 희생하지 않는다.

나는 나르시시스트다. 나 자신과 내 능력을 믿는다. 나는 내가 하고 싶은 것을 과감히 시도하는 나르시시스트다.

나는 훌륭하다. 나는 뚱뚱하고, 못생기고, 수염이 덥수룩할지도 모른다. 하지만 거울을 바라보며 더없이 인간다운 거울 속 존재에게 '안녕'이라고 말을 건넬 수 있다. 나는 거울에서 시선을 교환한 이 훌륭한 존재와 어울리는 사람이 되고 나를 발전시키겠다고 다짐한다. 나와 거울 속의 남자, 우리는 훌륭하다.

나를 사랑하는 것은 나만 생각하는 것이 아니다. 나를 성장하게 하는 것을 찾아 완수하는 일이며, 나를 알고 내 안의 인간성에 한 발짝 더 다가서는 것이다. 하루도 빠짐없이.

나는 결코 초라한 나로 만족하며 살지 않을 것이다.

이러지 마, 나 좋은 사람 아니야

부록

언제 어디서나
자기애를 지키는 20가지 주문

🌿 나가기 전 거울을 보면서

- 남들의 시선과 상관없이 내가 좋아하는 옷을 입는다.

- '나는 괜찮은 사람이야'라고 생각한다.

- 남에게 보여주기 위해서가 아니라 나를 위해 몸을 관리한다.

- TV나 잡지에 나온 이상적인 이미지는 실존하지 않는다는 것을
  안다.

- 누가 나를 좋아하지 않아도 신경 쓰지 않는다.

🌿 직장이나 학교에서

- 작은 성취에 큰 보람을 느낀다.

- 칭찬을 들으면 '아니에요'가 아니라 '고마워요'라고 말한다.

- 의견을 말할 때 '우리'라고 말하지 않고 '나'라고 말한다.

- 남보다 내 상황을 먼저 생각하고 내키지 않는 부탁은 거절한다.
- 타인에게 인정받기보다 스스로 만족할 때 더 큰 행복을 느낀다.

🌿 자꾸만 자책하게 될 때

- 나는 누구와도 대체될 수 없는 사람이라고 믿는다.
- 남에게 하지 못할 말은 자신에게도 하지 않는다.
- 가장 사랑하는 사람을 대하듯 자신을 대한다.
- 한 번의 실수로 자신을 평가하거나 자책하지 않는다.
- 쓸데없는 의무와 기대를 스스로에게 부여하지 않는다.

🌿 혼자 있는 시간에

- 누군가 인정해주지 않아도 자신의 취향과 가치관을 지킨다.
- 나의 약점을 인정하며 있는 그대로의 나를 사랑한다.
- 내가 무엇을 할 때 가장 행복한지 알고 있다.
- 우선 행복하자. 행복은 성공 후 주어지는 보상이 아닌 성공을 위한
  조건이다.
- 마음껏 나를 표현하면서 자유와 행복을 느낀다.

세상에서 가장 사랑하기 어려운 사람

이 책을 쓴 까닭은 나르시스에 대한 새로운 시각을 제시하고 싶어서였다. 현시대가 가진 고민에 따라 우리는 신화를 다시 해석하고 질문을 던질 필요가 있다. 그중에서도 나르시스 신화는 우리 시대를 변화시킬 수 있는 신화라고 믿는다. 20세기에 필요했던 담론이 오이디푸스 신화였듯이 말이다. 스핑크스는 오이디푸스에게 다음과 같은 질문을 한다.

"아침에는 네 발, 점심에는 두 발, 저녁에는 세 발로 걷는 동물은 무엇인가?"

오이디푸스는 인간이라고 대답했다. 어머니 배 속에서 태어나 네 발로 기고, 성장하면서 두 발로 걷다가, 늙어서는 세 번째 발인 지팡이에 의지해 걷는 동물….

오이디푸스는 스핑크스의 수수께끼가 자기 자신, 즉 인간 존재에 관한 근원적 질문임을 이해했다. 20세기를 만든 건 바로 이 명제였다. 인류 역사 속 한 장면처럼 괴물 같은 운명이 찾아와 자신의 존재가 공격당할 때 스스로를 인간이라고 부를 줄 알아야 한다는 것이다.

답은 나왔으나 수수께끼는 여전히 완벽하게 풀리지 않았다. 20세기의 모든 비극이 여기에서 비롯되었다. 더 자유롭고, 해방된 관계를 생각하고자 고심했던 20세기에 인간이 되는 것은 아버지의 법과 의무, 금지에 맞서 자신의 자리를 찾는 것이었다. 그러나 모든 의무와 종속 관계를 청산하지 않고 어떻게 해방될 수 있을까?

나르시스 신화는 우리가 '나'라고 말하는 것이 얼마나 어려운지 얘기한다. '나'는 가짜 모형이나 이미지, 그림자나 환영이 아니라 우리라는 존재와 윤리적 책임에 대한 진실을 받아

이러지 마, 나 좋은 사람 아니야

들이게 하는 존재이다.

우리가 느끼는 소외감은 엄격한 규범에서 비롯된 것이 아니라 정체성의 파괴로 생겨났다. 프로이트가 묘사한 아버지라는 존재는 오늘날 우리 삶에서 예전 같은 영향력을 행사하지 않는다. 서양에서는 특히 더하다. 이에 대해서는 정신분석가들의 임상 경험을 듣는 걸로 충분하다. 환자 대부분은 이 문제를 입증할 아버지도 없었으니 말이다.[주1]

우리는 우리 자신을 만나기 어렵기 때문에 소외된다. 신기술과 엔터테인먼트 산업이 지배하는 사회에서 우리의 생활 방식은 점점 더 세분화되며 일관성도 찾을 수 없다. 우리가 해야 할 일은 단지 더 많은 일을 더 신속하고 효과적으로 하는 것이다. 이 때문에 자기 자신과 완전히 단절될 수밖에 없다.

나르시스는 부활을 상징한다

나르시스에 대해 새로운 질문을 던지기 위해, 나는 이 신화에 관한 수많은 작품을 참고했다. 이제껏 우리가 나르시스에 대해 알고 있는 지식은 오직 오비디우스의 텍스트에 기대고 있다. 예를 들어, 니콜라 푸생의 유명한 그림 「에코와 나르시스」(파리, 루브르, 1627)도 오비디우스의 이야기를 차용해 그린 것이다.

그러나 나르시스에 대한 명확한 설명을 얻으려면 그리스 신화를 다시 들춰봐야 한다. 그리스 신화에서 얘기하는 나르시스는 삶의 재생을 의미한다. 나르시스의 이름을 딴 수선화가 상징하는 것은 바로 부활이다. 봄이 시작되면 수선화는 에게해 섬들의 늪지를 수놓는다. 이렇게 나르시스는 소포클레스주2나 『호메로스 찬가』에 실린 「데메테르 찬가」작자 미상의 고대 그리스 찬가집. 호메로스풍으로 쓰인 책으로 34편의 시가 남겨 있다. 이 중 「데메테르 찬가」가 유명하다.─옮긴이에서 노래한 '승리하는 삶'의 상징이 되었다.

「데메테르 찬가」는 특히 시사하는 바가 크다. 농업의 여신 데메테르가 애지중지하던 딸, 페르세포네는 수선화(나르시스)가 잔뜩 핀 들판을 감탄하며 바라보다가 지옥의 신 하데스에게 납치당한다. 하데스가 그녀를 보고 한눈에 반해 아내로 삼겠다고 결심하고 저승으로 데려간 것이다.

딸과 떨어져 슬픔에 잠긴 데메테르는 대지를 돌보지 않았고 땅은 황무지가 되었다. 결국 제우스가 개입하여 중재한다. 페르세포네에게 어머니와 함께 살다가 매년 가을이 되면 하데스에게 돌아가라고 한 것이다.

이에 따라 지상에는 비옥한 시기와 불모의 시기가 번갈아 찾아오게 되었다. 파종과 수확을 하는 계절의 순환이 여기서 기인한다. 니콜라 푸생이 그린 「플로라의 제국」(드레스덴, 거장 미술관, 1630~1631)에서도 이렇게 해석한 신화를 발견할 수 있다. 푸생의 그림은 일 년을 주기로 하는 생의 순환을 아름답게 성찰하면서 다양한 인물들의 변신을 보여준다. 그중에 꽃으로 변한 나르시스가 있다.

데메테르 신화에서 또 눈여겨봐야 할 것은 고대 그리스인들의 생활에 큰 부분을 차지한 엘레우시스 신비 제전^{아테네 북서쪽 도시 엘레우시스에서 데메테르와 페르세포네 두 여신에게 올리던 비밀 제례.—옮긴이} 같은 제사나 통과의례이다. 사람은 죽음을 넘어 새로운 삶을 발견하면서 성인이 된다. 마찬가지로 소녀가 결혼한 여자가 되는 것은 상징적인 죽음의 단계를 넘어섰기 때문이다. 오늘날에도 결혼은 부활이 뒤따르는 죽음을 의미한다.

베르나르 세르장(프랑스 고대역사학자, 비교신화학자)은 조르

주 뒤메질(프랑스 언어학자, 신화학자)의 인도 · 유럽 공통조어 사회를 구성하는 삼기능 체계fonctions tripartites, 뒤메질은 인도 · 유럽어를 공통으로 사용하는 고대사회의 신화와 종교에서 나타나는 3신일체를 성직자, 전사, 평민의 세 가지 사회계급으로 설명했다.-옮긴이 이론에 근거하여 이 신화를 재해석했다.

세르장에 따르면 전사가 되기 위해 어린 시절을 묻어버리고 죽음을 맞이한 모든 청년은 성인이 될 때 고유한 역할을 가지는데 신화에 이러한 사실이 감춰져 있다고 한다. 따라서 그는 청년의 상징적 죽음과 꽃으로 되살아나는 부활이라는 두 요소를 강조한다.주3

통과의례에 대한 이 질문으로부터 삶의 합일에 관한 질문도 불거진다. 별개인 것처럼 보이는 봄과 가을, 삶과 죽음, 자연 만물은 서로 어떻게 화합하는가? '나'라고 말하는 것은 그리스인들이 말했듯이 '나'를 되찾고 '변신'시켜야 한다는 사실을 받아들이는 것이다. 이는 성인이 되는 아이뿐만 아니라 흐르는 인생 속 모든 존재가 대상이다.

이러지 마, 나 좋은 사람 아니야

시대에 따라 변해버린 신화 속 교훈

몇 세기 후, 로마에서 나르시스 신화가 새롭게 거론된다. 코농은 그리스의 기이한 이야기와 전설을 수집한 작가인데, 에로스에게 제사 지내기를 거부한 자가 고대 관례에 따라 처벌된 이야기를 읽다가 나르시스 신화를 처벌이라는 관점에서 다시 보았다.

수많은 신화 이야기는 신을 존중하지 않아 처벌받는 인간들을 보여준다. 이런 이야기를 읽으면 인간의 행위를 어디까지 정당화할 수 있는지 생각하게 된다. 오비디우스의 텍스트는 신화적 측면에서나 문학적 측면에서도 지성의 절정을 보여준다. 그는 여신 헤라를 배신한 죄로 벌을 받아 말하는 능력을 빼앗긴 님프 에코와 나르시스 이야기를 접목한다. 에코는 들은 말만 따라할 수 있다. 그 때문에 '나'라고 말할 수 없고, 자기 이름도 말할 수 없는 괴로운 운명을 지니고 살아간다.

고대 그리스 때까지만 해도 나르시스를 자신과 사랑에 빠졌다고 바라보는 이야기는 없었다. 나르시스는 자신과 사랑에 빠진 것이 아니라 환영의 희생자였을 뿐이며 자신을 알지 못하는 자였다. 로마 시대 이후, 나르시스 신화는 자기 자신을 너무 사랑하는 자의 이야기, 즉 올바르지 못한 도덕관념을 상징적으로 보여주는 이야기로 변형되었다.

또한 중세에 나르시스는 음유시인들이 충족해주지 못한 사랑의 표상이었고, 사랑을 거절하지 말라는 호소를 위해 인용되곤 했다.

17세기 바로크 시대는 스스로에게 도취된 자의 감정에 새롭게 주목한다. 나는 '나'를 결코 잡을 수 없고, 영원히 잡지 못한다. 나르시스가 수면에서 본 이미지는 물결에 따라 흔들리며 흐릿하다. 제라르 주네트(프랑스 문학이론가)는 다음과 같이 말했다.

> 샘은 언제나 예측 불능의 변덕을 부리며, 보여주고 싶은 듯한 이미지를 제시했다가 언제라도 다시 거두어들인다.[주4]

19세기 말에, 말라르메를 중심으로 상징주의 작가들은 나르시스 신화를 집중적으로 다시 연구한다. 서구 사회에 커다란 위기가 있었던 시기에 이들의 작업은 자기 자신에 대한 관심을 다시 새롭게 생각해볼 수 있는 계기가 되었다.

예술을 통해 나를 발견하는 법

내게 큰 영향을 미친 것은 나르시스에 관해 쓴 릴케의 책이었다. 그의 연작시 「장미들」중 '소원을 이룬 나르시스'[주5]라는 시구 덕분에 나는 이 신화를 다시 검토해야겠다고 생각했다.

릴케가 나르시스 신화에 의문을 제기한 까닭은 우리 존재의 의미를 다시 생각하기 위해서였다. 이와 더불어 그는 나르시스를 통해 자기 자신을 다시 발견하고, 우리 안에 내재된 고독을 받아들여야 한다고 생각했다.

생애 말에, 릴케는 나르시스를 주제로 쓴 폴 발레리의 시들을 읽고 깊이 각성했다. 언제나 릴케의 뇌리에 떠나지 않던 문제가 발레리의 시에 나와 있었기 때문이다. 그는 발레리의 시들을 독일어로 번역했고 발레리와 자주 만났다. 발레리는 스위스 발레 지방의 중세풍 성에서 홀로 살던 릴케와 만나 나르시스에 대한 얘기로 꽃을 피운다. 릴케가 살던 성의 방명록에는 발레리가 적은 글이 남아 있다.

> 존경하는 릴케 선생님, 두 사람의 고독으로 함께했던 이날은
> 내게 언제나 소중한 기억으로 남을 것입니다. 진심으로 감사합
> 니다.
>
> 뮈조 성, 1924년 4월 6일, 폴 발레리

릴케도 발레리의 글에 화답했다.

> 4월 8일, 뮈조 성 정원에 버드나무 묘목을 심었습니다. 위대한
> 시인의 아름답고 멋진 방문을 기억하며 나무가 싱그럽게 자라
> 기를 바랍니다.

위대한 두 시인이 만나 나르시스에 대해 이야기했다는 것
이 새삼 뜻깊다. 방명록에 남아 있는 글귀는 인생의 본질을 관
통한다. 자신의 고독을 심화시킬 때 또 다른 존재를 만날 수
있다는 것, 발레리의 방명록 중 '두 사람의 고독'이라는 말의
의미가 바로 그것이다. 폴 발레리는 이곳에서 릴케의 『젊은

시인에게 보내는 편지』를 읽었고, 릴케가 사랑에 대해 쓴 경이로운 분석을 만난다.

> 사랑은 무작정 자신을 주고, 상대와 하나가 되는 것이 아닙니다. 사랑하는 사람을 위해 스스로 세계가 되고 자신의 형상을 만들어가며 성숙하는 유일한 기회입니다. 그리고 더 넓은 곳으로 나아가야 하는 끝없는 도전이며 숭고한 요청입니다.
> 사랑 안에 거한다는 것은 젊은이들이 자기 자신을 직시하고 스스로에게 전념해야 하는 의무를 말할 뿐입니다.

우리는 릴케의 글을 보고 이타주의의 거짓말을 다시 깨닫는다. 나는 내가 나 자신이 될 때만 다른 사람을 사랑할 수 있으며, 나 자신을 잊어버리거나 나를 희생하면서 사랑할 수는 없다. 1974년 사후에 발표된 『유언』에서 릴케는 클로소프스카 부인과의 사랑을 떠올리며 다음과 같이 썼다.

> 나는 나를 파괴할 수 없었다. 내가 만일 모든 것, 나의 모든 걸 포기했다면, 그리고 욕망하듯 무턱대고 당신 품으로 달려가 그

안에서 길을 잃었다면, 당신은 자신을 포기한 사람을 붙잡는 것에 지나지 않았으리라. 그 사람은 내가 아니다. 결단코 내가 아니다.

나는 나르시스를 그린 많은 작품을 봤다. 16세기 화가들은 회화의 상징이 된 이 신화를 화폭에 수없이 담아냈다. 이 신화는 긴 시간 동안 이기주의를 표방한다고 여겨져 왔지만, 한편으로는 '진짜 같음'이라는 수수께끼에 다가서려는 예술의 가능성을 보여주기도 했다. 여기서 '진짜 같음'이란 기계적인 복사가 아닌 진정한 자신의 실체를 발견하는 것을 의미한다.

알베르티는 『회화론』 3권을 시작하며 이렇게 말한다.

> 나는 지인들에게 회화의 창시자는 '꽃으로 변한 자신을 본 나르시스'라고 시인의 화법을 빌려 말하곤 했다. 회화가 모든 예술의 꽃이라면, 나르시스의 황홀한 변신 이야기가 으뜸이기 때문이다. 그러니 샘의 수면을 예술로 입맞춤하지 않는다면 그림을 그린다는 것은 대체 무엇이란 말인가?

알베르티의 말은 예술의 의미가 여기에 있다는 것을 분명히 보여준다. 그러나 불행하게도 우리에게는 이 말이 도무지 와 닿지 않는다. 예술은 엔터테인먼트 산업의 도구나 사회 계급을 구분하는 놀이로 축소되는 경우가 너무 많다. 그 때문에 우리는 예술이라고 하면 왠지 두려운 마음이 들고 주눅이 든다.

너무나 많은 이가 작품에 대한 지식이 없으면 작품을 제대로 감상할 수 없다고 생각한다. 하지만 시나 소설을 읽고, 그림을 보는 건 지식을 갖추는 일과 상관없다. 작품을 감상하는 건 자기 자신을 만나는 일이다. 이에 대해 롤랑 바르트는 친절한 가이드 역할을 자처한다.

> 작가와 나 사이에 기분 좋은 공모가 이루어진다. 나는 선택받았다는 느낌이 들고, 예술가는 나를 발견한다. 그는 나를 노래한다. 나의 고통과 기쁨과 호기심을 멋들어진 솜씨로 노래한다. 그는 내게서 모든 걸 보고 모든 걸 느낀다. 내가 미처 보거나 느끼지 못한 것까지도.
>
> 나르시스의 에코는 말할 줄 모르기에 내게 더 깊은 영감을 떠오르게 하고, 그녀의 신뢰로 나는 밝게 빛난다.

새로운 발견은 얼마나 근사한 일인가! 나를 위한 노래는 충만하고도 겸손한 아름다움으로 가득 차 있어서 나는 얼굴 붉히지 않고 신성한 기쁨을 느끼며, 나만의 내밀한 가락을 그의 노래에 슬쩍 얹는다.[주6]

바르트는 작품에서 '나를 발견'하는 나르시시즘의 측면을 드러냈다. 작품을 진정으로 만나기 전까지, 우리 삶은 어두울 뿐이다. 이 주제에 대해 장 주네(프랑스 시인, 소설가, 극작가)도 다음과 같이 이야기한다.

극장에 가는 이유는 무대 위이 니를 보기 위해서이다(나는 다양한 등장인물들 덕에 이야기 속에서 나로 빙의한 듯한 인물을 발견한다). 나는 배우의 연기를 통해 내가 미처 알지 못했고, 알 리도 없었을 나라는 존재를 인식하며 나를 보거나 나를 꿈꾼다.[주7]

예술 작품을 접하는 사람은 누구나 작품 속에서 자신을 발견할 수 있고, 이로써 우리 내면에 있는 인간성을 지킬 수 있다.

종교와 철학이 만든 오해들

나르시스 신화는 사람은 자신의 모습으로 살고, 또 그렇게 살아야 하며, 완전한 자신으로서 존재할 권리가 있다는 수수께끼에 대해 깊이 성찰하게 한다. 하지만 이런 행위에 나르시시즘이라는 이름을 붙이기 위해, 나는 나르시스 신화가 자기중심적이고 거만한 행동을 비난한다고 생각하는 뿌리 깊은 오해를 풀어야 했다.

앞서 정리했듯이 오해는 종교와 철학과 경제적 이유에서 비롯되었다. 종교에서 이런 오해가 빚어졌다는 것은 무척 당황스러운 일이다. 모든 종교는 인간에게 '너는 훌륭하다. 너 자신을 신뢰하라. 너는 비천한 존재나 운명에 종속된 존재가 아니라 신의 자녀다'라는 메시지를 던지고 있기 때문이다. 초기에는 자기 자신에게 확신을 주던 종교가 세월이 흐르면서 그런 단언과 완전히 반대되는 교리를 만들어냈다.

즉, 교회나 교리, 모든 종교 제도가 없다면, '나는 재와 부패한 것에 지나지 않으며, 보잘것없는 피조물, 비천한 죄인일 뿐'이라고 말하게 된 것이다.[주8] 기독교에서 이런 사상은 대부분 성 아우구스티누스와 원죄 의식으로부터 유래했다. 어떤 행동을 하기도 전에 우리에겐 죄인이라는 낙인이 이미 찍힌 것이다. 여기서는 내게 친숙한 기독교를 예로 들었지만, 다른 모든 종교를 통해서도 똑같은 진단을 내릴 수 있다.

철학 역시 마찬가지다. 철학이 자기 자신을 낮추라고 강조하는 이유는 세 가지다.

첫째, 철학에서 말하는 윤리는 개인의 희생을 바탕으로 하기 때문이다. 앞서 얘기한 것처럼 칸트 사상이 강조한 희생의 가치는 현대 모든 사상에 큰 영향을 미쳤다.

둘째, 철학에서는 우리를 다른 사람과 분리된 채 스스로를 자각하는 고립된 존재로 보기 때문이나. 철학은 '나'라는 존재가 이타성을 지니고 있어야만 '나'라고 말할 수 있으며, 이타성이 없는 '나'는 거짓 이미지에 불과하다고 본다. 20세기 사상에서 주류가 되어버린 이러한 이타주의 개념은 도무지 빠져나올 수 없는 덫이 되어버렸다.

세 번째 이유는 인간은 근본적으로 악하고 이기적이며 위험하다고 주장하는 신화에 근거한다. 이런 신화는 전제주의를 정당화하려는 의도로 만들어졌다. 다만 볼테르처럼 양식 있는 철학자의 영향으로 이 주장이 완화됐을 뿐이다.

여기에서 인간은 근본적으로 악하다는 전제에 의문을 제기한 루소의 공로는 별개로 봐야 한다. 루소는 선량한 미개인의 순진한 이미지에 대해 말하며 성선설을 주장했지만, 그 이유뿐만 아니라 자신을 만나고, 자기 스스로 생각하고, 인간이 자신의 자유를 통째로 포기하지 않는 사회를 만들기 원했기 때문이다.

사회과학, 민족학, 행동학 연구들은 수십 년 전부터 우리 시대에 형성된 이 이상한 신화에 의문을 품고 새롭게 해석하기 위해 애쓰고 있다. 경제적 측면에서 볼 때, 수익에 대한 압박은 날마다 더 큰 피해를 낳는다. 경제 논리에 따르면, 인간은 생산적일 때, 그리고 생산한 결과를 높이 평가받을 때만 존재한다. 인간으로 존재할 권리조차 생산성과 긴밀한 관계를 맺고 있는 것이다.

하지만 문제는 우리 사회의 경영 시스템이 충분히 괜찮다고 말할 수 있는 수준이 아닐뿐더러, 인간을 비롯한 모든 것이 이 시스템에 의무적으로 종속된 것처럼 평가받는 것이다. 이런 관점에서 보면 강, 바다, 나무, 동물, 인간이라는 존재는 더 잘 관리해야 할 자본일 뿐이다. 이런 세계관은 인간과 모든 생명체와 세계에 대한 잔인한 폭력이다.

이렇게 다양한 분야를 짚어보면, 자기 자신을 믿지 못하고 나르시시즘을 두려워하는 심리가 우리 문화 안에 왜 이토록 깊숙이 뿌리박혔는지 이해할 수 있다. 거기에는 개인을 종교적, 도덕적, 정치적, 경제적으로 순응하게 만들려는 의도가 있었다. 그러므로 우리는 그 의도로부터 자신을 해방시켜야 한다.

파브리스 미달

이러지 마, 나 좋은 사람 아니야

나르시시즘은
나를 이해하는 기술이다

신화에 나오는 나르시스는 치명적인 아름다움을 지닌 소년이다. 한 번 보면 누구도 잊을 수 없는 미모를 가졌지만 그 사실을 자기 자신만 몰랐다. 외모에 비해 성격은 그리 아름답지는 않았는지 자신을 보고 사랑에 빠진 자들이 넘쳤지만 잔인하고 냉담하게 거절하기 일쑤였다.

　어느 날 나르시스는 우연히 수면에 비친 자기 자신의 모습을 발견하고 홀딱 반한다. 결국 그는 이루어질 수 없는 사랑에 괴로워하다가 죽고 마는데, 그 자리에 노란 꽃이 피어난다. 그리고 그의 이름 '나르시스'는 거만한 허영 덩어리에 자기애가 너무 지나친 자를 일컫는 대명사가 되었다.

하지만 저자인 파브리스 미달은 우리가 이제껏 나르시스 신화를 잘못 이해했다고 말한다. 나르시스는 참된 자신의 모습을 알지 못했기에 다른 사람들이 자신을 사랑하는 이유도 알지 못했고, 당연히 타인에 대한 마음도 닫혀 있었다는 것이다. 그리고 자기 모습을 발견하고 나서야 비로소 새로운 존재로 변신하여 부활하게 되었다고 말한다.

저자는 자신의 어린 시절을 포함해 여러 가지 사례를 들면서 '참된 자기애'가 인생을 살아가는 데 얼마나 필요한 철학이며 가치인지를 조목조목 설명한다. 또한 자신의 모습을 온전히 받아들이고 사랑해야만 다른 사람을 사랑할 수 있다는 진리를 새삼 환기시킨다.

우리 모두는 미운 오리 새끼가 아니라 백조였다

사실, 지금 세상은 자신을 사랑하는 사람들로 가득 찬 것처럼 보이기도 한다. 하지만 우리는 늘 누군가를 부러워하며 그들처럼 되고 싶어 한다. 일례로, SNS 속에는 행복하고 아름답고 부유하고 여유로운 사람들의 사진들이 넘쳐난다. 그런 사람들을 향한 우리의 시선은 어떨까? 그 시선에 시샘과 경멸이 섞여 있지 않다면 솔직하지 못한 것 아닐까?

그들처럼 되고 싶어 하면서도 은근히 멸시하는 마음. 그 마음에는 자기 자신에 대한 불만족이 깊이 깔려 있을지도 모른다. 만일 스스로를 진정으로 사랑하고, 있는 그대로의 자기 모습에 만족한다면 다른 사람들이 얼마나 아름답건, 얼마나 부유하건 내 마음을 갉아먹는 일은 없을 테니까 말이다.

미달은 어릴 때 다른 아이들보다 발육이 더디었고 장애도 있었다. 그렇기 때문에 자신은 누구에게도 사랑받지 못하는 존재라고 생각했다고 한다. 그러나 저자뿐만 아니라 아무리 잘나고 똑똑한 사람이라도 내면에는 스스로에 대해 불만족하는 부분이 있을 수 있다. 그리고 그 사실을 감추고 싶어 할 수 있다. 백조가 아니라 미운 오리 새끼라고 생각하며, 한평생 자신을 미워하면서 살아가는 사람도 있을 것이다.

돌이켜 생각해보면, 나도 어릴 적에는 예쁘고 똑똑하고 인기 많았던 친구를 몹시 부러워했다. 가끔은 '내가 그 아이라면 얼마나 좋을까?'라는 생각을 하기도 했다. 그 당시 나는 무뚝뚝한 데다가 두꺼운 안경을 낀 뚱뚱하고 못생긴 아이였다. 게다가 애교 많고 예쁜 언니와 귀한 아들인 남동생 사이에서 존재감이 없는 여자애였기 때문에 '나는 늘 찬밥 신세'라는 피해의식에 사로잡혀 있었다.

그런 식으로만 스스로를 평가하던 나는 나이가 들어가면서 점차 나 자신이 어떤 사람인지 알게 되었다. 그러면서 차츰 내 모습을 받아들이게 되었던 것 같다. 물론 부족한 점은 여전히 많지만 이제는 그런 부분까지도 나를 이루는 요소임을 깨닫는다.

이러지 마, 나 좋은 사람 아니야

알을 깨고 찬란한 꽃으로 부활하라

저자에 의하면 나르시시스트는 자신을 못마땅해하거나 거짓되게 포장하거나 과시하는 사람이 아니라 스스로를 잘 알고 사랑하는 사람이다. 즉, 완전하지 않은 자신의 모습을 사랑하여 아름다운 꽃으로 변신해가는 사람인 것이다.

그러므로 나는 '너 자신을 사랑하라'는 저자의 말에 깊이 공감한다. 진정한 자기애란 알을 깨고 나오는 새처럼 진정한 자신의 모습을 깨닫고 다음 단계로 힘차게 도약하게 만드는 것이기 때문이다.

자신의 참모습을 발견한 나르시스는 형벌을 받은 것이 아니라 누구나 마음껏 사랑할 수 있는 아름다운 꽃으로 부활했다. 자신의 모습 중 온전히 사랑하지 못한 부분이 있다면, 이 책을 통해 자신 안에 잠재돼 있는 빛나는 모습을 발견하고 찬란한 꽃으로 활짝 피어났으면 좋겠다.

2019년 9월

김도연

감사의 말

이 책은 제난 카레 타게르의 도움이 없었더라면 출간되지 못했을 것이다. 오래전부터 머릿속에 떠다니기만 했던 이 주제를 그 덕분에 펴낼 수 있었다. 그리고 내가 나일 수 있게 도와준 클레망과 인생을 믿을 수 있게 해준 브뤼노에게 감사한다.

탈 벤 샤하르는 나에게 수많은 영감을 주었다. 그와 나눈 열정적인 대화 덕분에 더 많은 생각을 할 수 있었다. 쵸걈 트룽파에게도 매우 감사한다. 그는 나 자신과 친구가 되도록 도와줄 때 명상이 의미 있음을 알려준 사람이다.

이러지 마, 나 좋은 사람 아니야

　　내 작업에 동참해주었던 레오나르 앙토니와 황홀하게 빛나
는 샘처럼 모든 가능성을 연 수잔나 레아에게 고마움을 전한
다. 넘치지도 모자라지도 않게 완벽한 기욤 로베르에게, 항상
미래에 대해 열정적인 니콜라 바트랭에게 고마움을 전한다.

　　루앙의 서점 주인 카트린 댕크는 나를 언제나 지지해주었
고, 서점들이 작가를 위해 얼마나 놀랍고도 소중한 창구가 되
어주는지 몸소 보여주었다. 그녀에게도 감사함을 전한다.

미주

주1   나는 장 자크 치즐레와 나누었던 대화를 통해, 그의 분석에서 많은 영향을 받았다. 그는 우리 시대의 새로운 심리경제학을 명확히 규정한 정신분석학자이다.

       참고. 『지그문트 프로이트를 만나며A la rencontre de... Sigmund Freud』, Oxus, 2013.

주2   소포클레스, 『콜로노이의 오이디푸스Œdipe à Colonne』, BC 681~684.

주3   참고. 『그리스 신화 속에서의 동성애L'homosexualité dans la mythologie grecque』, Payot, 1986; 『인도유럽어족의 동성애와 통과의례Homosexualité et initiation chez les peuples indoeuropéens』, Paris, Payot, 1996.

주4   제라르 주네트, 「나르시스 콤플렉스Complexe de Narcisse」, 『문채Figures』 중에서, Seuil, 1966., p.23.

주5   「그렇게 말했더라면Dirait-on」, 연작시 『장미들Les Roses』(V) 1126.

주6   롤랑 바르트, 『고전의 즐거움Plaisir aux classiques』, 작품 전집Œuvres complètes 1권, Seuil, 2002., p.57.

주7   장 주네, 「하녀들은 어떻게 연기하는가Comment jouer Les bonnes」, 『하녀들Les bonnes』, Gallimard, 1947., p.10.

주8   예를 들어 다음 책을 참고할 것. 『기독교 학교들에서 사용하는 종교의 첫 진실들에 대한 설명Explications des premières vérités de la religion à l'usage des écoles chrétiennes』, Namur, 1840.

참고 문헌

시

- 오비디우스, 『변신 이야기Les Métamorphoses』, M. 파파토모폴로 편역, 레벨 레트르, 1968.
- 라이너 마리아 릴케
  — 『젊은 시인에게 보내는 편지Lettre à un jeune poète』, 라이너 비멜 역, 그라세, 1937.
    : 반복해서 읽기를 권한다. 릴케는 자기 자신에게 관심을 갖는 것이야말로 현실적인 모든 형태의 사랑을 가능하게 해주는 유일한 조건이라고 말한다.
  — 『유언Le Testament』, 필리프 자코테 역, 쇠유, 1983.
  — 『작품집Œuvres』 2권, 시선집, 쇠유, 1972.
- 폴 발레리, 『작품집Œuvres』, 갈리마르, 플레야드 총서, 1권, 1957. 2권, 1960.
- 가스통 바슐라르, 『물과 꿈L'Eau et les Rêves』, 조제 코르티, 1991.
  : 나르시스에 관한 가장 뛰어나고 자유로운 성찰이 담겨 있다.
- 앙리 미쇼, 『마음의 공간L'Espace du dedans』, 갈리마르, 1966.
- 루이스 빙예, 『19세기 초까지 서구 유럽문학에 나타난 나르시스에 관한 주제 The Narcissus Theme in western European litterature up to the Early 19th Century』, 글리어룹스, 1967.
- 프랑수아즈 프롱티스티 뒤크루, 장 피에르 베르낭, 『거울의 눈동자 속에서 Dans l'oeil du miroir』, 오딜 자코브, 1997.

철학, 정치학

* 플라톤, 『알키비아데스Alcibiade』
* 아리스토텔레스, 『윤리학l'Éthique』, 특히 자기 자신과의 우정을 생생하게 말하는 '필리아'에 관한 장.
* 몽테뉴, 『수상록Les Essais』
* 장 자크 루소, 『에밀 혹은 교육에 관하여Émile ou De l'éducation』, 갈리마르, 플레야드 총서, 1969.
* 알렉시스 드 토크빌, 『미국의 민주주의De la démocratie en Amérique』, 특히 '미국인들은 왜 그렇게 그들의 평안에 대해 염려하는 모습을 보이는가?'라는 제목의 장.
* 마르틴 하이데거, 『취리히 세미나Séminaires de Zurich』, 갈리마르, 2010.
* 시몬 베유, 『기독교 이전의 직관Intuitions pré-chrétiennes』, 라콜롱브, 1951.
* 피에르 아도, 「나르시스 신화와 플라톤의 해석Le mythe de Narcisse et son interprétation par Plotin」, 정신분석학 신보, n.13, 봄 호, 1976.
* 미셸 푸코, 『주체의 해석학: 콜레주 드 프랑스 강의(1981~1982) L'Herméneutique du sujet : cours au Collège de France(1981~1982)』, 갈리마르/쇠유, 2001.
* 아드리앙 프랑스 라노르, 『우정 안에서 자신을 열기S'ouvrir en l'amitié』, 토서출판 그랑데스트, 2014.
  : 철학적 경험 속에서의 자아와 '나'에 대해 매우 구체적으로 제시한 연구 작업.

정신분석학, 심리학

* 지그문트 프로이트, 『나르시시즘을 소개하기 위해Pour introduire au narcissisme』, 올리비에 마노니 역, 페요, 2012.
* 루 안드레아스 살로메, 『나르시시즘 사랑L'Amour du narcissisme』, 이자벨 힐덴브란트 역, 갈리마르, 1980.
* 자크 라캉, 『글쓰기Écrits』, 쇠유, 1966.
* 알랭 에렌베르그, 『자기 자신이 되는 피곤함, 우울과 사회La Fatigue d'être soi, Dépression et société』, 오딜 자코브, 1998.
* 국제라캉협회, 『나르시시즘의 위대함과 비참함Condamnés à être libre』,

2003년 6월 14일과 15일 콘퍼런스 '자유로워지는 형벌', 국제라캉협회 연구지, 파리, 2004.
- 폴 디엘
 —『동기부여 심리학Psychologie de la motivation』, 페요, 1984.
 —『그리스 신화 속의 상징Le Symbolisme dans la mythologie grecque』, 파리, 1981.
- 미하이 칙센트미하이,『몰입Vivre』, 포켓, 2006.
- 탈 벤 샤하르,『행복 연습L'Apprentissage du bonheur』, 포켓, 2010.

명상

- 쵸걈 트룽파
 —『티베트 여정의 연습Pratique de la voie tibétaine』, 쇠유, 1976.
  : 수치심과 허영심에 관한 예리한 분석.
 —『샴발라, 성스러운 전사의 길Shambhala, la voie sacrée du guerrier』, 쇠유, 1990.
  : 서양에서 가장 영향력 있는 불교 지도자 트룽파는 자기에 대한 사랑과 우리의 허약함을 껴안은 자기 자비에 대해 뛰어난 통찰력을 보여준다.
- 샤론 살스버그,『치유하는 사랑L'amour qui guérit』, 벨퐁, 2015.

그 외

- 마우리지오 베티니, 에지오 펠리제르,『나르시스 신화Le Mythe de Narcisse』, 장 부파르티그 역, 밸렝, 2003.
- 드니 크뇌플레,『나르시스의 조국La patrie de Narcisse』, 오딜 자코브, 2010.
- 프랑수아 아베르,『미남 나르키소스 이야기에 대한 시적 기술Description poétique de l'histoire du beau Narcissus』, 리옹, 1550.

Claude Gassian © Flammarion

파브리스 미달 Fabrice Midal

예술과 시를 사랑하는 프랑스의 저명한 철학자이자 명상 교육자이다. 소르본 대학에서 철학 박사 학위를 취득했고, 프랑스뿐 아니라 유럽 각국에서 다양한 학문을 가르치고 있다. 어린 시절에 그는 신체적인 결함 때문에 운동 신경도 좋지 않았고 성적도 뛰어나지 않아 항상 친구들을 부러워하고 자신을 보잘것없는 사람이라고 생각했다. 그러던 어느 날 명상 세미나에서 "나에겐 어떤 사랑스러운 모습이 있는가?"라는 질문을 받고 난생처음 자신이 생각보다 훨씬 괜찮은 사람이란 것을 깨달았다. 그때의 경험을 발판 삼아 나를 있는 그대로 바라보는 법과 나르시시즘에 대해 연구하기 시작했다.

나르시시즘이 왜 나쁜 걸까? 이타적인 것이 과연 도덕적인 것일까? 『이러지마, 나 좋은 사람 아니야(원제: 당신의 목숨을 지켜라! Sauvez Votre Peau!)』는 이러한 의문에서 시작한 책이다. 나를 먼저 생각하고, 나를 사랑하는 일이 현대사회에서 왜 부정적으로 받아들여지는지 철학, 예술, 역사 등 다양한 시각에서 분석하고, 자신의 경험을 바탕으로 이기주의와 이타주의를 넘어 오직 나를 위해 살아가는 법을 알려준다. 이 책은 수많은 언론에서 자기애를 고귀한 영역으로 끌어올렸다는 찬사를 받았으며, 출간 이후 프랑스 아마존 종합 베스트셀러 10위 안에 올라 그 가치를 입증했다.

김도연

한국외대 불어과와 동 대학원에서 프랑스어를 전공하고 파리 13대학에서 언어학 박사과정을 수료했다. 지금은 독자들에게 좋은 책을 소개하고 싶은 마음에 책을 기획하고 만드는 일을 하고 있다. 옮긴 책으로는 『나의 페르시아어 수업』, 『라플란드의 밤』, 『내 손 놓지 마』, 『로맨틱 블랑제리』, 『내 욕망의 리스트』, 『생각 정리의 기술』, 『요리의 거장 에스코피에』 등이 있다.

**이러지 마,
나 좋은 사람
아니야**

1판 1쇄 인쇄 | 2019년 11월 08일
1판 1쇄 발행 | 2019년 11월 15일

지은이 | 파브리스 미달
옮긴이 | 김도연
기획편집 | 박지호, 이주영
외부기획 | 민혜진
디자인 | design PIN
마케팅 총괄 | 나재승
마케팅 | 서재욱, 김귀찬, 오승수, 조경현, 양수아, 김성준
온라인 마케팅 | 김철영, 양윤모
인터넷 관리 | 김상규
제　작 | 현대순
총　무 | 김진영, 안서현, 최여진, 강아담
관　리 | 김훈희, 이국희, 김승훈

발행처 | (주)동양북스
등　록 | 제2014-000055호
주　소 | 서울시 마포구 동교로22길 14 (04030)
구입 문의 | 전화 (02)337-1737 팩스 (02)334-6624
내용 문의 | 전화 (02)337-1739 이메일 dybooks2@gmail.com

ISBN 979-11-5768-557-8　03190

이 도서의 국립중앙도서관 출판예정도서목록(CIP)은 서지정보유통지원시스템 홈페이지(http://seoji.nl.go.kr)와
국가자료공동목록시스템(http://www.nl.go.kr/kolisnet)에서 이용하실 수 있습니다.
(CIP제어번호:CIP2019040398)